Literatur-Kartei

Literatur-Kartei zum Jugendbuch von Erich Kästner

„Die Konferenz der Tiere"

S. Willmeroth
A. Rösgen

Verlag an der Ruhr

Impressum

Titel: Literatur-Kartei: „Die Konferenz der Tiere“

Autorinnen: Anja Rösgen
Sabine Willmeroth

Titelbildgestaltung: unter Verwendung der Titelillustration
von Walter Trier
© Atrium Verlag, Zürich

Druck: Druckerei Uwe Nolte, Iserlohn

Verlag: Verlag an der Ruhr
Postfach 10 22 51, 45422 Mülheim an der Ruhr
Alexanderstr. 54, 45472 Mülheim an der Ruhr
Tel.: 02 08 – 49 50 40 Fax: 02 08 – 495 0 495
e-mail: info@verlagruhr.de

ISBN 3-86072-401-0

Die Schreibweise der Texte folgt der reformierten Rechtschreibung.

Ein weiterer Beitrag zum Umweltschutz:

Das Papier, auf dem dieser Titel gedruckt ist, hat ca. ***50% Altpapieranteil,*** *der Rest sind* ***chlorfrei*** *gebleichte Primärfasern.*

Inhaltsverzeichnis

Vorwort

„Es gibt nichts Gutes, außer: Man tut es", so die Worte des beliebten und viel gelesenen Kinderbuchautors Erich Kästner. Dass Kästner ein sehr politischer Schriftsteller war, wird in dem Buch „Die Konferenz der Tiere" deutlich. Es ist ein Buch, das an Aktualität bis heute nichts verloren hat. Noch immer herrscht viel Unrecht in der Welt. Dass vor allem die Kinder häufig die Hauptleidtragenden sind, wird vielfach übersehen. Erich Kästner war ein Mann, der das erkannte. Mit dem Buch „Die Konferenz der Tiere" setzt er sich sehr eindringlich für die Interessen der Kinder und ihre Rechte ein. Es sind die Tiere, die Erich Kästner sich gegen die unter den Menschen herrschende Dummheit und Ignoranz, gegen die von ihnen ausgeübte Gewalt und die von ihnen geführten Kriege auflehnen lässt.
„Wir werden die Welt schon in Ordnung bringen", so sagen die Tiere. „Schließlich sind wir keine Menschen."
Die vorliegende Kartei soll Ihnen für die Arbeit mit der Lektüre Hilfe und Anregung sein.
Zur besseren Orientierung haben wir die Kartei in folgende – durch Logos repräsentierte – Bereiche unterteilt.

Den **Arbeitsangeboten** vorangestellt ist die so genannte **Lesehilfe**. Da das Buch Kästners ein sozialkritisches, auch an Erwachsene gerichtetes Werk ist, enthält es viele für Grundschulkinder unverständliche Wörter. Mit der Lesehilfe haben wir uns bemüht, in einer der Sprache der Kinder angemessenen Wortwahl Fremdwörter zu erklären. Verstehen Sie die Lesehilfe also als ein auf das Buch abgestelltes Nachschlagewerk für Kinder. Ergänzend finden Sie dort Angebote zur Übung des Zeitunglesens und ein Spiel zur Übung schwieriger Wörter. Für dieses Spiel sollten Sie Blankokarten in ausreichender Menge zur Verfügung stellen.
Im Anschluss an die Lesehilfe finden Sie Angebote zum **Leseverständnis**. Die Angebote beziehen sich auf die von uns gebildeten 14 Lesekapitel. In der Taschenbuchausgabe mit der ISBN 3-423-70491-8 umfassen die einzelnen Lesekapitel jeweils folgende Buchseiten:

Vorwort

1. Lesekapitel: S. 5–11
(bis: Mir tun bloß die Kinder leid.)
2. Lesekapitel: S. 11–17
3. Lesekapitel: S. 18–23
(bis: Und schon war er verschwunden.)
4. Lesekapitel: S. 23–28
(bis: „Wollen Sie bitte mal nachspülen", meinte der Zahnarzt und hielt ihm einen Eimer voll Wasser hin.)
5. Lesekapitel: S. 28–36
6. Lesekapitel: S. 37–51
(bis: „Steward, bitte einen Grog von Rum!")
7. Lesekapitel: S. 51–55
(bis: Denn wenn ich niese, sprenge ich die Konferenz!)
8. Lesekapitel: S. 55–66
(bis: Die Herren werden morgen früh die Augen nicht schlecht aufreißen!)
9. Lesekapitel: S. 66–72
(bis: „Ich hab's!")
10. Lesekapitel: S. 72–79
(bis: Dann setzte er sich auf einen Stuhl, seufzte und dachte die halbe Nacht nach.)
11. Lesekapitel: S. 79–86
(bis: Dann begannen die Verhandlungen.)
12. Lesekapitel: S. 86–92
(bis: „Frag doch die Kinder!")
13. Lesekapitel: S. 92–97
14. Lesekapitel: S. 98–100

Der Lesekontrolle angeschlossen ist ein breites, fächerübergreifendes **Materialangebot**. Es umfasst

- Angebote, die zu einer weiterführenden Spracharbeit anregen,
- Angebote, die angesprochene Inhalte mathematisch nutzen,
- Angebote, die die sachkundlichen Aspekte des Buches aufgreifen und vertiefen,
- Angebote, die die Kinder künstlerisch fordern sowie
- Angebote, die zum Nachdenken über Buch und Autor anregen.

Es ist Ihnen überlassen, ob Sie die Zusatzmaterialien parallel zu dem jeweiligen Lesekapitel einsetzen, oder ob Sie sie im Anschluss an das Erlesen der Gesamtlektüre in Form von Angebotsunterricht anbieten.
Nutzen Sie unser Angebot so, wie es Ihrem Unterrichtsvorhaben gemäß ist.

Es wäre schön, wenn die von uns umgearbeiteten Lieder die Arbeit mit der Kartei begleiten und unsere Spielideen die Arbeit am Buch auflockern würden.

Für den Versuch auf Seite 49 müssen Sie Eiswürfel zur Verfügung stellen.

Lassen Sie Alois und seine Freunde auch in Ihrer Klasse lebendig werden und beherzigen Sie Kästners Worte:
„Nur wer erwachsen wird und ein Kind bleibt, ist ein Mensch!"

Die Autorinnen

Lesehilfe – Worterklärungen

Hier findest du Wörter erklärt, die dir völlig unbekannt sind. Andere hast du vielleicht schon öfter gehört, wusstest aber nie genau, was sie bedeuten. Schlag einfach nach. Wörter, die hier nicht erklärt sind, findest du im Lexikon.
Das Tollste ist aber, dass du, wenn du diese Wörter kennst, auch einfach mal die Zeitung aufschlagen kannst und viel mehr verstehst. Lass dir gesagt sein: Auch Erwachsene verstehen manche Wörter nicht so richtig und müssen die Bedeutung nachschlagen. Meistens sind sie aber zu faul dazu und tun einfach so, als wüssten sie alles.
Viele der Wörter stammen aus anderen Sprachen, wie Lateinisch oder Französisch. Das steht dann in einer Klammer direkt hinter dem Wort. Daran kannst du erkennen, wie viele Wörter aus fremden Sprachen in unserem Wortschatz vorhanden sind. Damit du auch weißt, wie man die Wörter ausspricht, ist eine Aussprachehilfe in Klammern dahinter abgedruckt.

1. Lesekapitel, S. 5–11

Atombombe: Die Atombombe ist die gefährlichste Waffe der Welt. Sie zerstört alles Leben und macht dort, wo sie gezündet wird, einen riesigen Teil der Erde für immer unbewohnbar. Die Menschheit würde einen Atomkrieg nicht überleben!

Balanceakt (Balohnsakt): *(französisch)* Ein Balanceakt bedeutet, bei einer Sache das Gleichgewicht zu halten, zum Beispiel beim Seiltanzen.

Emigranten: *(lateinisch)* Auswanderer. Damit sind die Menschen gemeint, die aus politischen, religiösen oder rassischen Gründen ihre Heimat verlassen (müssen), um woanders zu leben.

Greise: Das ist die Mehrzahl des Wortes „Greis“. Ein Greis ist ein sehr alter Mann. Greise sind also sehr alte Männer.

Illustrierte: *(lateinisch)* Dieses Wort stammt vom Wort Illustration (= Bebilderung) ab und bedeutet, dass zu einem gedruckten Text Bilder hinzukommen – eine Zeitschrift mit bunten Bildern.

international: *(lateinisch)* Das Wort „Nation“ bezeichnet eine Gemeinschaft von Menschen gleicher Staatsangehörigkeit. International bedeutet, dass etwas (z.B. eine Konferenz) nicht nur eine Nation betrifft, sondern mehrere oder alle Nationen.

Kommission: *(französisch)* Auftrag, Bestellung. Es bedeutet auch, dass eine Gruppe von Menschen eine bestimmte Aufgabe erledigt.

Konferenz: *(lateinisch)* Besprechung.

Luftangriff: Dieses Wort hat mit dem Krieg zu tun und bedeutet, dass Flugzeuge aus der Luft angreifen und Bomben oder Raketen abwerfen.

Lesehilfe – Worterklärungen

Palästina: Palästina ist ein Gebiet an der Südostküste des Mittelmeeres. Laut Bibel ist es die angestammte Heimat der Juden. Nachdem sie lange Zeit in aller Welt zerstreut waren, zogen nach dem 2. Weltkrieg viele Juden wieder in das Gebiet Palästinas und gründeten dort den Staat Israel. Palästina sehen sie als ihr „Heiliges Land" an. Allerdings lebten dort schon lange arabische Völker, die mit dem Gebietsanspruch Israels nicht einverstanden waren. Der blutige Konflikt dauert bis heute.

Revolution: *(lateinisch)* Umsturz, Umwälzung. Dabei wird eine Staatsform (z.B. Diktatur = Gewaltherrschaft eines einzelnen Staatsmannes) durch Gewalt oder Androhung von Gewalt geändert. Revolutionen brechen da aus, wo das Volk mit den bestehenden politischen Zuständen unzufrieden ist.

Sahara: Die Sahara ist die größte Wüste der Erde. Sie liegt in Nordafrika und ist fast so groß wie Europa.

schwarzer Markt: Auch Schwarzmarkt genannt, bedeutet, dass Menschen heimlich mit etwas handeln, etwas verkaufen, von dem es nicht für alle genug gibt. Das können z.B. Lebensmittel sein, aber auch Eintrittskarten. Die Leute, die im Besitz der Waren sind, können dann die Preise auf dem Schwarzmarkt vorgeben. Meist sind die Preise wesentlich höher als auf dem normalen Markt.

Streik: *(englisch)* Bei einem Streik legt eine festgelegte Gruppe Menschen (z.B. alle Müllwerker) an einem oder mehreren verabredeten Tagen ihre Arbeit nieder. Das heißt sie gehen nicht arbeiten, um damit ihre Forderungen (z.B. mehr Lohn, bessere Arbeitsbedingungen ...) durchzusetzen.

Tagungsort: Mit diesem Wort bezeichnet man den Ort, an dem sich die Teilnehmer einer Besprechung treffen, um miteinander zu verhandeln – man nennt das auch tagen.

Toupet: (Tupeh) *(französisch)* Toupet nennt man ein Haarersatzstück oder eine Teilperücke.

Turm zu Babel: In der Bibel wird erzählt, dass die Menschen vor langer Zeit einen riesigen Turm bauen wollten, der bis in den Himmel reicht. Sie wollten sich damit beweisen, wie tüchtig sie waren, und berühmt werden. Gott hielt das für Hochmut und er verwirrte die Menschen. Sie begannen sich zu streiten und aneinander vorbei zu reden. Schließlich wurde das Bauen eingestellt und die Menschen verließen den Ort Babel. Seitdem, so erzählt die Bibel, sind sie in alle Welt zerstreut, sprechen verschiedene Sprachen und werden sich nicht einig.

Lesehilfe – Worterklärungen

Vietnam: Vietnam ist ein Land an der Ostküste Hinterindiens. Nach dem Zweiten Weltkrieg kämpfte man in Vietnam sehr erfolgreich gegen die Kolonialmächte (Europäische Länder, die Länder in Afrika, Südamerika und Asien militärisch besetzt hielten). Zuerst besiegte man Frankreich, dann Anfang der 70er Jahre sogar die Großmacht USA. Seither ist Vietnam eine „kommunistische Volksdemokratie".

2. Lesekapitel, S. 11-17

Außenminister: *(lateinisch)* Diener. Ein Minister ist Mitglied der Regierung und Leiter eines Ministeriums. Der Außenminister ist zuständig für alle Dinge, die mit seinem Land zusammenhängen, aber in einem anderen Land passieren.

Kabinettsitzung: *(französisch)* kleines Zimmer. Früher zog sich der Fürst eines Landes mit seinen Beratern in ein kleines Zimmer des Schlosses zurück, um wichtige Angelegenheiten zu beraten. Heute bezeichnet man eine Sitzung der Regierung mit den Ministern als Kabinettsitzung.

Resultate: *(lateinisch)* Ergebnisse.

Stelzfüßler: So nennt man die langbeinigen Sumpf- und Wasservögel wie Reiher, Störche und Flamingos.

3. Lesekapitel, S. 18-23

Mittsommernacht: Die Mittsommernacht ist eine Naturerscheinung der Polargebiete. Dort bleibt die Sonne im Sommer auch noch um Mitternacht sichtbar.

Morsezeichen: Die Morsezeichen oder auch Morseschrift wurde von dem Amerikaner Samuel Morse erfunden. Er stellte jeden Buchstaben des Alphabets durch die Kombination von langen und kurzen Stromimpulsen dar. Notiert werden diese Impulse durch Punkte (.) und Striche (–). Mit Hilfe von Funk können so Nachrichten gesendet werden.

4. Lesekapitel, S. 23-28

Delegierte: *(lateinisch)* Abgeordnete. Es handelt sich dabei um Abgesandte, die mit einem bestimmten Auftrag an einer Versammlung teilnehmen – hier: an der Konferenz der Tiere.

Geysir: *(isländisch)* Ein Geysir ist eine Naturerscheinung, die man auf Island, Neuseeland, Japan und im Yellowstone-Nationalpark in den USA beobachten kann. Es handelt sich um eine heiße Springquelle, die in regelmäßigen Zeitabständen heißes Wasser ausstößt.

Maniküre: *(französisch)* Hand- und Nagelpflege. Außerdem wird mit diesem Wort die weibliche Person bezeichnet, die Hand- und Nagelpflege als Beruf betreibt.

Lesehilfe – Worterklärungen

ondolieren: *(französisch)* Ondolieren bedeutet, dass die Haare mit einer heißen Brennschere (heute: Lockenstab) gewellt werden.

Pleureusen: (Plörösen) *(französisch)* Straußenfedern. Im 19. Jahrhundert trugen die Damen diese Federn auf ihren Hüten.

5. Lesekapitel, S. 28-36

Flotille: *(spanisch)* Verband kleinerer (Kriegs-) Schiffe.

Laufplanke: Mit diesem Wort wird ein Holzsteg bezeichnet, den man vom Pier auf das Schiff legt, um den Zwischenraum zu überbrücken. Über diesen Steg kann man auf das Schiff laufen.

Pier: *(englisch)* Damm oder Brücke. Wir verwenden es im Sinne von Landungsbrücke, die als Anlegestelle für Schiffe genutzt wird.

Reiseproviant: *(französisch und italienisch)* Verpflegung für eine Reise.

Schiffsreling: Die Reling ist ein Geländer, das rund um die freiliegenden Decks eines Schiffes angebracht ist und die Menschen vor dem Hinabfallen schützt.

Visum: *(lateinisch)* Ein Visum berechtigt die Bürger eines Landes aus ihrem Land auszureisen oder in ein anderes Land einzureisen. In manche Länder darf man ohne Visum nicht einreisen.

Wasserfontäne: *(französisch)* aufsteigender Wasserstrahl. Ein Wal stößt aus seinem Atemloch auf dem Kopf in Abständen Fontänen aus. Auch ein Springbrunnen ist eine Wasserfontäne.

6. Lesekapitel, S. 37-51

Akademie: *(griechisch)* Eine Akademie ist eine Unterrichtsanstalt, an der ein bestimmtes Wissensgebiet oder eine bestimmte Kunst unterrichtet wird (hier: wie Löwen Kunststücke vorführen).

debattieren: *(französisch)* diskutieren oder sich aussprechen über ein Thema. Das Nomen heißt: die Debatte.

Dressur: *(französisch)* Abrichtung von Tieren. Die Tiere lernen ein bestimmtes Verhalten, z.B. durch einen brennenden Reifen zu springen.

Eröffnungshymne: Das Wort Hymne stammt aus der griechischen Sprache und bezeichnet ein Lied, das einer Person oder einer Sache zu Ehren gesungen wird. Ganz früher wurden Hymnen für die griechischen Götter gesungen.

exotisch: *(griechisch)* fremdländisch, fremdartig.

Grog von Rum: Das ist ein Getränk aus heißem Wasser mit Zucker und Rum, das einem das Gefühl gibt, von innen warm zu werden. Besser ist, man wärmt sich die Finger an heißem Wasser.

Lesehilfe – Worterklärungen

Hydroplane: Das Wort „hydro" stammt aus der griechischen Sprache und bedeutet Wasser.
Das Wort „plane" (pläin) stammt aus der englischen Sprache und bedeutet Flugzeug – zusammen also Wasserflugzeug = ein Flugzeug, das auf dem Wasser landen kann.

Institut: *(lateinisch)* Anstalt. In einem Institut wird etwas erforscht und auch gelehrt.

Konservatorium: *(lateinisch)* Bewahranstalt. Im Konservatorium wird alles bewahrt, was mit Musik zu tun hat. Sänger, Musiker und Dirigenten werden dort in Musik ausgebildet. Man nennt ein Konservatorium auch Musikschule.

Kubikmeter: Dieses Wort stammt aus der lateinischen Sprache und bezeichnet eine Einheit, mit der das Volumen (= Rauminhalt), vorzugsweise von Flüssigkeiten, gemessen wird. In einen Würfel von je einem Meter Länge, Breite und Höhe passt genau ein Kubikmeter Wasser. 1 Kubikmeter sind 1000 Liter.

Optikerladen: Das Wort „Optik" stammt aus der griechischen Sprache und bezeichnet die Lehre vom Licht. Da der Mensch das Licht mit seinen Augen wahrnimmt, beschäftigt sich der Augenoptiker mit den Augen des Menschen und den Problemen damit. Viele Menschen haben Sehprobleme und brauchen eine Brille, die man im Optikerladen kauft.

Raritätenmuseum: Das Wort „Rarität" stammt aus der lateinischen Sprache und bedeutet Seltenheit, Kostbarkeit.
In einem Raritätenmuseum werden seltene und kostbare Stücke ausgestellt.

Sanatorium: *(lateinisch)* Kurheim, Erholungsheim, das unter der Leitung eines Arztes steht.

Schwimmbassin: Das Wort „bassin" (basseng) stammt aus der französischen Sprache und bedeutet Becken, also Schwimmbecken.

Steward: (Stjuard) Englische Bezeichnung für den Betreuer von Gästen an Bord von Schiffen oder Flugzeugen.
Den weiblichen Steward nennt man Stewardess.

Technische Hochschule: Das Wort „Technik" stammt aus der griechischen Sprache und bedeutet Kunstfertigkeit.
Eine technische Hochschule unterrichtet junge Erwachsene darin, Erkenntnisse, Verfahren und Mittel zu finden, mit deren Hilfe sich der Mensch die Natur nutzbar machen kann.

7. Lesekapitel, S. 51-55

bengalischer Dschungel: Das Wort „Dschungel" stammt aus der indischen Sprache und bedeutet Urwald. Solche Urwälder findet man unter anderem auch in Bengalen, das im Norden des indischen Subkontinents liegt.

Diplom: (griechisch) Urkunde. Man erhält diese Urkunde für besondere Leistungen und bestandene Prüfungen (z.B. an der Universität).

Lesehilfe - Worterklärungen

Dresseur: (Dressör) Dieses Wort stammt aus der französischen Sprache und bezeichnet einen Menschen, der Tieren etwas (z.B. Kunststücke) beibringt. Heute würde man ihn eher Dompteur nennen.

Solotänzer: Das Wort „solo" stammt aus der italienischen Sprache und bedeutet allein. Ein Solotänzer tanzt allein, d.h. nicht in einer Gruppe.

8. Lesekapitel, S. 55-66

Aeroplan: *(griechisch)* Luftfahrzeug (Flugzeug).

Kurierflugzeug: Das Wort „Kurier" stammt aus der französischen Sprache und bedeutet Eilbote oder Überbringer. In diesem Fall handelt es sich um ein Flugzeug, das eine Nachricht überbringt.

Lindenblütentee: Das ist ein Tee, der aus den Blüten des Lindenbaumes gekocht wird. Er hilft bei Erkältungen und Fieber.

Mandrill: Dieses Wort bezeichnet eine Affenart, die in Westafrika lebt.

Protestnote: Das Wort „Protest" stammt aus der lateinischen Sprache und bedeutet Einspruch oder Widerspruch. Eine Protestnote ist ein schriftlicher Einspruch.

Rednertribüne: Das Wort „Tribüne" stammt aus der lateinischen Sprache und bedeutet erhöhter Platz. Ein Redner betritt also zum Sprechen einen erhöhten Platz, auf dem ihn jeder sehen kann.

Sprengstoffanschlag: Ein Sprengstoff, z.B. Dynamit, explodiert, wenn man ihn anzündet. Ein Sprengstoffanschlag ist eine Gewalttat, bei der Sprengstoff eingesetzt wird, um absichtlich Gebäude zu zerstören oder Menschen zu töten oder zu verletzen.

Staatspräsident: Ein Staat wird von einer großen Anzahl von Menschen gebildet, die in einem begrenzten Gebiet der Erde leben und sich selbst regieren und verwalten. Ein Staatspräsident ist der oberste Regierungschef eines Staates.

Stenogrammblöcke: Das Wort „Stenogramm" stammt aus der griechischen Sprache und bedeutet Nachricht in Kurzschrift. Die Kurzschrift wurde erfunden, um mit wenigen Zeichen ganz schnell gesprochene Texte mitzuschreiben. Dazu benötigte man einen bestimmten Block mit besonderen Linien.

Uniform: *(französisch)* eine in Form und Farbe gleiche Dienstkleidung (z.B. bei Krankenschwestern, beim Militär und der Polizei).

9. Lesekapitel, S. 66-72

Feldmarschall: Der Feldmarschall hat beim Militär den höchsten Rang inne, das heißt er befiehlt über das Heer.

Kopie: Dieses Wort stammt aus der lateinischen Sprache und bedeutet Abbild, Abschrift oder Nachbildung.

Korridore: *(lateinisch)* Gänge, Flure. Die Einzahl dieses Wortes heißt Korridor.

Lesehilfe - Worterklärungen

Militär: *(lateinisch)*
Kriegerisch. Mit Militär bezeichnet man die Soldatentruppe eines Staates (Heer).

Referent: *(lateinisch)*
Berichterstatter oder Gutachter.

Sekretäre: *(lateinisch)* Schreiber, Schriftführer. Die Einzahl dieses Wortes heißt Sekretär.

Staatsarchiv: Das Wort „Archiv" stammt aus der giechischen Sprache und bedeutet geordnete Sammlung von wichtigen Papieren. Staatsarchive sind Sammlungen solcher Dokumente, die für den jeweiligen Staat wichtig sind.

ultimativ: *(lateinisch)* letztmalig.

Ultimatum: Dieses Wort ist das Nomen zu dem Adjektiv „ultimativ" und bedeutet letzte Aufforderung.

10. Lesekapitel, S. 72-79

Artilleristen: *(französisch)* Mit diesem Wort werden Waffengattungen der militärischen Streitkräfte bezeichnet (z.B. Raketenwerfer).

Durchschlagpapier: Dieses Papier (griechisch/lateinisch) ist mit Kohlenstaub bestäubt und wird beim Schreiben mit der Schreibmaschine verwendet, um bei einem Arbeitsgang mehrere Kopien anzufertigen.
Seit es Kopierer gibt, wird das Durchschlagpapier nur noch selten verwendet.

Granaten: *(lateinisch)* ein mit Sprengstoff gefülltes Geschoss.
Die Einzahl des Wortes heißt „Granate".

Hotelportier: (portjeh) *(französisch)*
Türaufsicht. Vor einem Hotel steht häufig eine Türaufsichtsperson, die die Gäste begrüßt, das Gepäck in Empfang nimmt oder das Auto der Gäste in die Garage fährt.

Kaserne: *(lateinisch)* Bezeichnung für die Gebäude zur Unterbringung der Soldaten.

Portal: *(lateinisch)* prunkvolles Tor.

Rangabzeichen: Innerhalb des Militärs gibt es verschiedene Ränge oder auch Machtpositionen. Es gibt hohe Ränge, z.B. den General, der Entscheidungen treffen und Befehle geben darf, und niedrige Ränge, z.B. den Gefreiten (einfacher Soldat), der Befehle ausführt.

Die unterschiedlichen Ränge kann man an der Kleidung der Leute, am Rangabzeichen ablesen.

Regimentsnummer: Das lateinische Wort „Regiment" bezeichnet den größten Verband von Truppen einer Waffengattung. Es handelt sich also um einen militärischen Ausdruck. Um die Zuordnung zu einem Regiment deutlich zu machen, trägt jeder Soldat die Nummer seines Regiments am Kragen der Uniform.

Lesehilfe – Worterklärungen

Stationsvorsteher: Das Wort „Station" stammt aus der lateinischen Sprache und bedeutet Ort. Der Stationsvorsteher hier ist ein Vorsteher (Chef) einer Bahnstation.

11. Lesekapitel, S. 79-86

Fänge(n): Mit den Fängen eines Raubtieres sind die Zähne und Krallen gemeint, mit deren Hilfe es seine Beutetiere fängt.

zivil: *(lateinisch)* „nicht militärisch". Häufig erscheint das Wort „zivil" in Zusammensetzungen z.B. Zivilbevölkerung, Zivilgericht … Zivilisten sind Personen, die nicht dem Militär angehören.

12. Lesekapitel, S. 86-92

Adlerhorst: Damit ist das Nest eines Adlers gemeint, das meistens an einer unerreichbaren Felswand gebaut ist.

Atoll(e): Dieses Wort stammt aus der malaiischen Sprache und bezeichnet ein ringförmiges Korallenriff in tropischen Meeren mit einer kleinen Lagune (einem abgetrennten See) im Innern.

Firmament: *(lateinisch)* Firmament ist die dichterische Bezeichnung für Himmelsgewölbe.

Frikassee: Dieses Wort stammt aus der französischen Sprache und bedeutet zerkleinertes Kalbfleisch, Fisch oder Geflügel in heller Soße.

Grotte(n): *(italienisch)* gewölbte Felsenhöhle von geringer Tiefe.

Makis: Das sind Halbaffen, die auf Madagaskar, einer Insel Afrikas, leben.

Oase: Ein Platz in der Wüste, an dem durch natürliches Wasservorkommen Pflanzen gedeihen und eine Wasserstelle zu finden ist.

Pfahlbauten: Damit sind Häuser gemeint, die auf Holzpfählen in Flüssen, Lagunen oder Urwäldern stehen.

13. Lesekapitel, S. 92-97

Grenzpfähle: Eine Grenze ist die Trennungslinie zweier Staaten. Diese Linie darf man nur an bestimmten Stellen überqueren, an den Grenzübergängen. Grenzpfähle (Holzpfosten) zeigen den Verlauf der Grenze an.

14. Lesekapitel, S. 98-100

ironisch: Dieses griechische Wort bedeutet verstellt. Ironie (Nomen) bedeutet Verstellung. Wenn man etwas ironisch sagt, übt man z.B. gutmütige Kritik, bei der man das Gegenteil von dem meint, was man sagt. Z.B. „Du hast dich heute aber schön angezogen", obwohl man das eigentlich gar nicht so meint.

Zeitungsartikel lesen

Zeitungsberichte zu verstehen, ist nicht immer leicht. Da sie für Erwachsene geschrieben sind, werden in den Artikeln viele schwierige Wörter gebraucht. Wie du Zeitungsartikel verstehen kannst, sollst du jetzt lernen. Für die Arbeit brauchst du ein Lexikon, in dem du fremde Wörter nachschlagen kannst.
In dem Zeitungsartikel unten ist es dir bei einigen Wörtern bereits vorgemacht. Für die restlichen Wörter sollst du selbst Erklärungen suchen und in dein Heft schreiben.

Erklärungen:

(1) Vorgänge, Ereignisse

(2) So heißt der Führer der in vielen Ländern verbotenen kurdischen Arbeiterpartei PKK. Die Kurden sind ein Volk, das in Vorderasien lebt. Viele von ihnen wohnen in der Türkei. Die Kurden möchten einen eigenen Staat gründen. Aber dieser Wunsch wird von Ländern wie der Türkei und dem Irak unterdrückt. Die PKK kämpft mit allen Mitteln, auch mit Gewalt und Terror, für den eigenen Kurdenstaat.

(3) Ein Konsulat ist das Gebäude, in dem der Konsul arbeitet. Ein Konsul ist eine Person, die die Aufgabe hat, ihr Heimatland im Ausland zu vertreten.

(4) Explodieren bedeutet eigentlich, dass etwas zerplatzt. Gewalt kann natürlich nicht zerplatzen. Hier meint das Wort, dass Menschen ganz gewalttätig und brutal werden und anfangen schreckliche Dinge zu tun.

(5) Das sind Leute, die die kurdische Partei PKK gut finden oder Mitglied sind und ihre Ideen und Taten unterstützen.

(6) Bei einer Demonstration treffen sich viele Menschen, um auf Missstände aufmerksam zu machen oder sich gegen etwas zu wehren.

(7) Das ist der Sitz des Generalkonsuls. Der Generalkonsul ist der höchste der Konsuln.

(8) beschuldigen

Blutige Szenen (1) in der ruhigen Schinkelstraße

(2) **Öcalan** I Ein Nachbarsjunge hört die Schüsse aus dem israelischen Konsulat (3)

*Von **Joachim Rogge***

BERLIN. Eine ruhige Gegend ist die Schinkelstraße zu normalen Zeiten. Doch gestern mittag explodierte (4) die Gewalt. Mit herausgerissenen Zaunlatten und abgeknickten Verkehrsschildern stürmen mehrere hundert PKK-Anhänger (5) nach einer zunächst friedlichen Demonstration (6) auf das israelische Generalkonsulat (7) zu, fordern Freiheit für den inhaftierten Kurden-Führer Öcalan und bezichtigen (8) Israel, den türkischen Geheimdienst MIT bei der Verschleppung Öcalans aus Kenia unterstützt zu haben.

Polizisten, die das israelische Konsulat im feinen Grunewald schützen sollen, werden einfach überrannt. Eine Gruppe kurdischer Demonstranten (9) klettert über das schmiedeeiserne Gitter an der Straßenfront, das eher Zierde (10) ist und kein Schutzwall. Die Sicherheitsschleuse am Eingang, wie man sie von flughäfen kennt, ist plötzlich nutzlos geworden.

Einige Demonstranten dringen in die hochherrschaftliche Villa ein, deren Fenster bis in den ersten Stock vergittert sind. Dann, sagt ein Augenzeuge, habe es plötzlich geknallt. Zuerst neun, dann nochmal fünf Schüsse hat Lucas erzählt.

Mit seinem Hund biegt der 14jährige gerade um die Ecke, als im Inneren des Hauses die Schüsse fallen. Panik (11) bricht auch unter den Polizisten vor der Tür aus. Alles duckt sich. Kurdische Demonstranten rennen schreiend davon, die Polizei setzt ihnen nach. „Kollegen tot, Kollegen tot", ruft völlig aufgelöst ein Kurde, der orientierungslos (12) durch die Schinkelstraße rennt.

Auch Lukas zittern die Knie. Zwei Verletzte wanken aus dem Konsulat, sinken wenige Schritte vom Haustor entkräftet auf die verschneite Straße. Noch Stunden später sind die Blutspuren im Schnee zu sehen, die sich vom Konsulatsgebäude bis zum nahen Bismarckplatz ziehen.

Spiel:

Schwierige Wörter erklären

Bei diesem Spiel geht es darum, schwierige Wörter zu üben. So könnt ihr irgendwann ganz locker mit den Erwachsenen mithalten, wenn es darum geht, schwierige Wörter zu erklären.

Vorbereitung des Spiels:

Nehmt euch einige Blankokarten und schreibt schwierige Wörter darauf. Ihr könnt dafür die Wörter aus der Lesehilfe nehmen, aber auch solche, die ihr in Zeitungsartikeln gefunden oder woanders gehört habt. Überlegt euch mit den anderen Kindern, wie man die Wörter kurz und knapp erklären kann. Diese Erklärung schreibt auf die Rückseite der Karte. Wenn ihr selbst keine richtige Erklärung für das Wort findet, schaut in der Lesehilfe oder in einem Lexikon nach. Wann immer euch ein fremdes oder schwieriges Wort begegnet, könnt ihr eine neue Karte dafür anfertigen und sie eurem Spiel hinzufügen. So werdet ihr im Laufe der Zeit immer mehr Karten für euer Spiel bekommen. Das Spielfeld ist soweit fertig, aber vielleicht habt ihr ja Lust, es noch ein wenig auszumalen.

Beispiel:

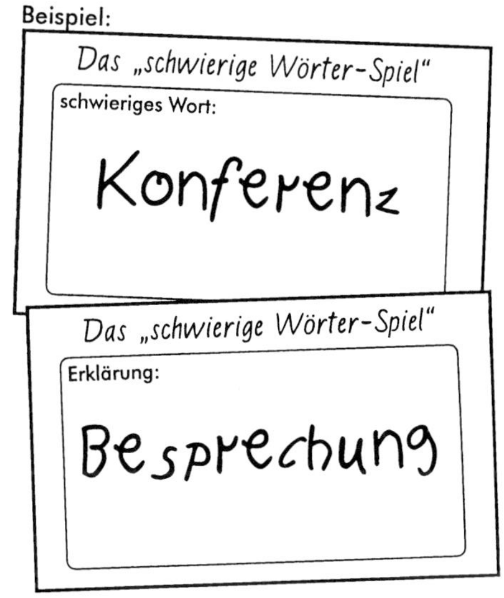

Ihr braucht:

- die vorbereiteten Wortkarten
- Würfel
- pro Kind eine Spielfigur
- Spielfeld

So geht´s:

Legt die Wortkarten mit der Erklärung nach unten neben das Spielfeld. Stellt eure Spielfiguren auf das Feld „Start" und würfelt der Reihe nach.
Kommt ein Spieler auf ein Feld mit einem Fragezeichen, muss er sich eine Wortkarte nehmen, das entsprechende Wort vorlesen und seine Bedeutung erklären.
Ist das Wort richtig erklärt, bleibt die Figur des Spielers auf dem „Fragezeichen-Feld" stehen.
Wurde das Wort falsch erklärt, wird die Figur um ein Feld nach hinten verschoben.
Sieger ist, wer als Erster im Ziel ist.

Blankokarten:

Schwierige Wörter erklären

Das „schwierige Wörter-Spiel"

schwieriges Wort:

Das „schwierige Wörter-Spiel"

Erklärung:

Das „schwierige Wörter-Spiel"

schwieriges Wort:

Das „schwierige Wörter-Spiel"

Erklärung:

Das „schwierige Wörter-Spiel"

schwieriges Wort:

Das „schwierige Wörter-Spiel"

Erklärung:

Das „schwierige Wörter-Spiel"

schwieriges Wort:

Das „schwierige Wörter-Spiel"

Erklärung:

Das „schwierige Wörter-Spiel"

schwieriges Wort:

Das „schwierige Wörter-Spiel"

Erklärung:

Spielplan:

Schwierige Wörter erklären

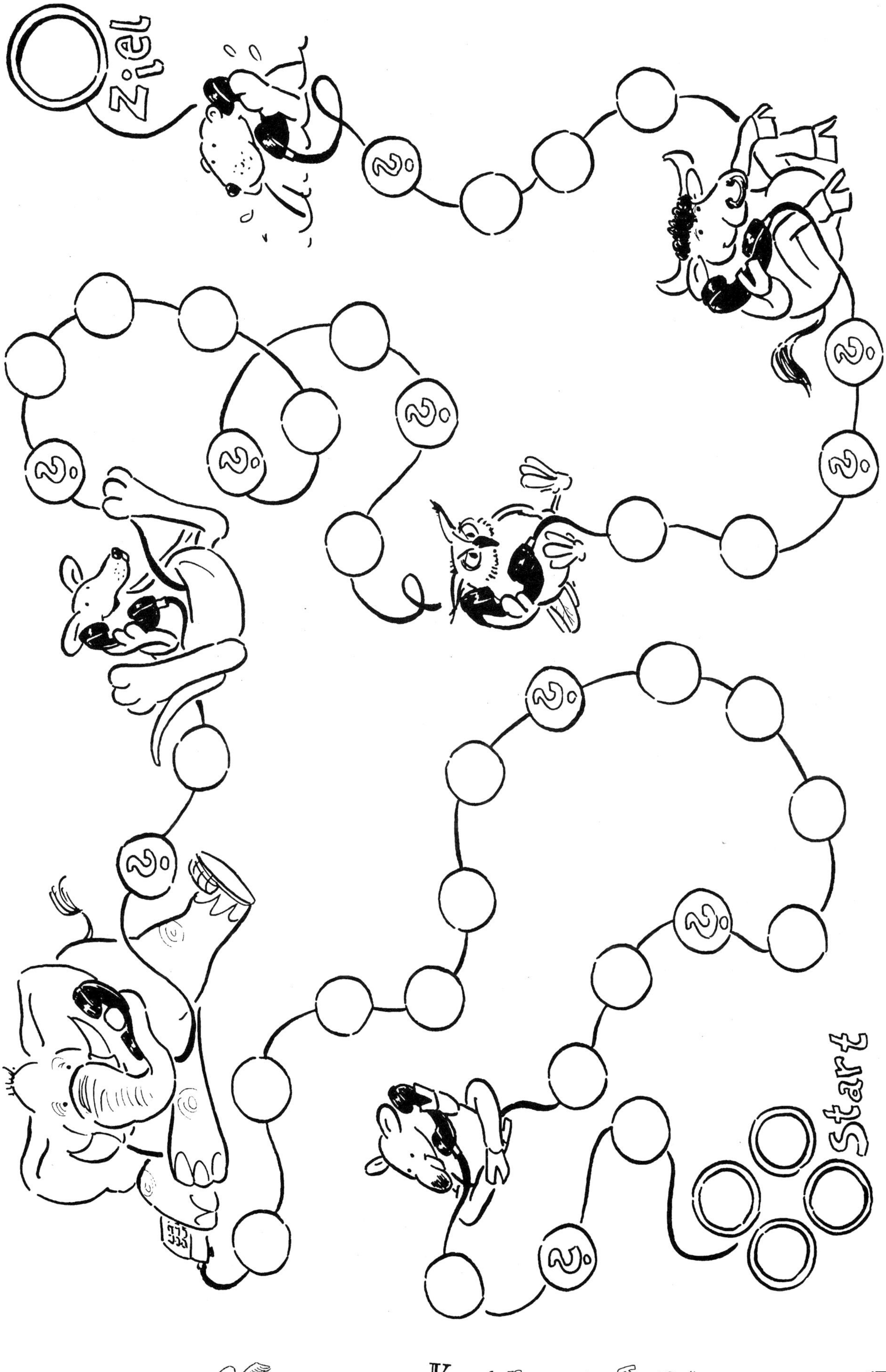

1. Lesekapitel

Seite 5–11

Wenn du die Seiten 5–11 gelesen hast, kannst du die Fragen bestimmt beantworten.

1. Wie heißt der Löwe? ____________________
2. Wie heißt der Elefant? ____________________
3. Wie heißt der Giraffenmann? ____________________
4. Auf welchem Kontinent liegt der Tschadsee? ____________________
5. Die Menschen können sich fortbewegen wie die Tiere:

   Sie können *tauchen wie die Fische.*

   Sie können ____________ *wie alle Tiere.*

   Sie können ____________________

   Sie können ____________________

   Sie können ____________________
6. Wie heißt der Spruch, den der Löwe aus Ärger über die Menschen sagt? ____________________

   ____
7. Zu welcher Tierart gehört der Vetter der Frau von Alois? ____________________
8. Wie war sein Künstlername? ____________________
9. Wodurch brannte das Zirkuszelt ab? ____________________

   ____
10. Was verlor Hasdrubal bei dem Feuer? ____________________
11. Aus welcher Zeitung liest der Elefantenvater seinen Kindern vor?

    ____
12. Aus welcher Zeitung liest der Giraffenvater seinen Kindern vor?

    ____
13. Aus welcher Zeitung liest der Löwenvater seinen Kindern vor?

    ____
14. Warum ärgert sich Alois so sehr über die Menschen?

    ____
15. Wer tut Alois Leid? ____________________

2. Lesekapitel

Seite 11-17

Oskar erklärt seiner Frau, wie es auf den beiden Erdhälften aussieht und dass die Menschen nur reden und keine Verbesserung erreichen.
In dieser Nacht kommt ihm eine ausgezeichnete Idee, die er am Morgen per Telefon in die ganze Welt verbreitet.

Beantworte die Fragen:

1. Welche Idee hat Oskar? ______________________________

   ____

2. Mit wem und wohin führt Oskar die sechs Ferngespräche?

Mit ______________ in ______________

Mit ______________ in ______________

Mit ______________ in ______________

Mit ______________ in ______________

Mit ______________ in ______________

Mit ______________ in ______________

3. Suche mit Hilfe einer Weltkarte (Atlas) oder einer Weltkugel (Globus) die Kontinente heraus, auf denen die einzelnen Tiere wohnen und trage die Namen der Kontinente in die Weltkarte unten ein.
   Zeichne auch ein, wo Oskar wohnt.

4. Wo liegt der Tschadsee? Male ihn blau in die Karte.

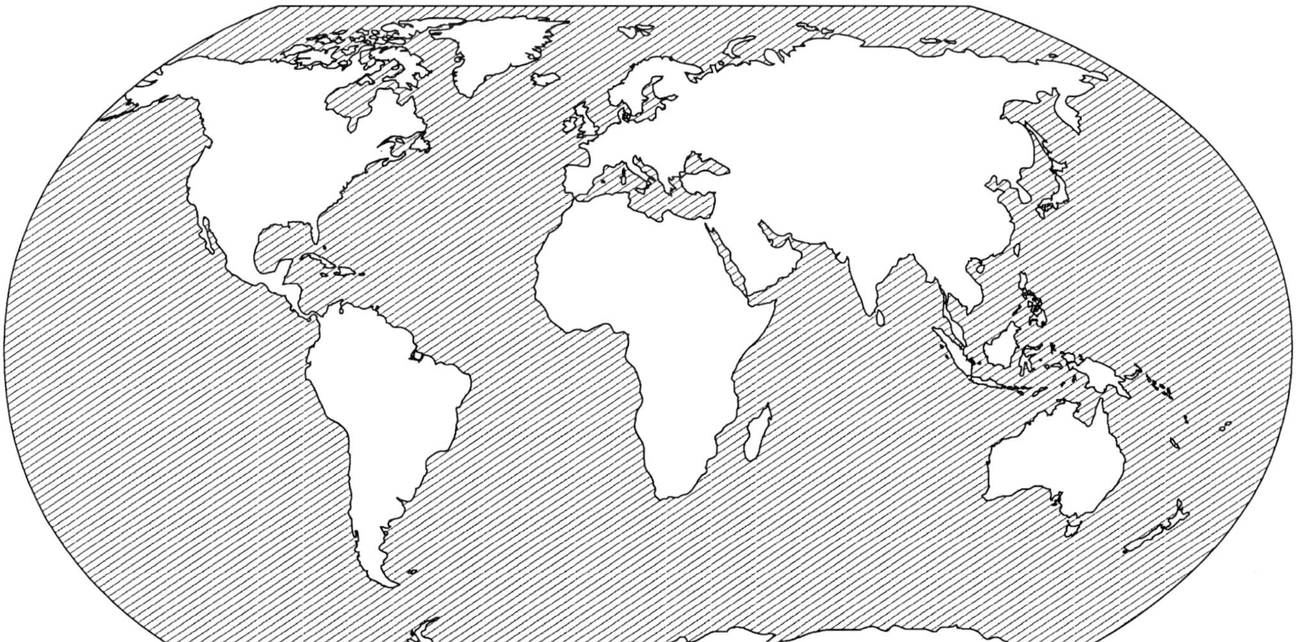

3. Lesekapitel

Seite 18-23

Wenn du die Seiten 18–23 gelesen hast,
kannst du das Rätsel bestimmt lösen.
Denke daran: Ä = AE; Ö = OE

1. Diese Tiere verkündeten die Nachricht in den Städten und Dörfern.
2. Wer donnerte wie ein Gewitter durch die Wüsten?
3. Wer morste die Nachricht mit Hilfe von Klopfzeichen?
4. Dieses Tier verkündete die Nachricht in den Weinbergen.
5. Wer verbreitete die Nachricht in der Tundra?
6. Diese Tiere raschelten durch die Gärten.

7. Wer quakte die Nachricht durch die Lüfte?
8. Sie sprangen bellend durch die Mittsommernacht.
9. Wer schrieb die Nachricht ins Wasser?

10. Wer gab die Nachricht summend weiter?
11. Wer saß auf den Telefondrähten und meldete die Nachricht in alle Welt?
12. Diese Tiere plapperten mit den Papageien um die Wette.
13. Ihnen schrien die Möwen die Botschaft ins Ohr.

14. Dieses Tier lief mit dem Vogel Strauß.
15. Welches Tier kroch durch die Erde ans andere Ende der Welt?
16. Diese Tiere trugen die wichtige Post in Beuteln.
17. Welche Tiere transportierten die Nachricht in Kapseln um den Hals?

Lösung:

4. Lesekapitel

Seite 23-28

Beantworte die folgenden Fragen und trage die Lösungen in das Kreuzworträtsel ein. Benutze nur Großbuchstaben! Die umrandeten Felder ergeben ein Lösungswort, das den Inhalt der Seiten 23–28 zusammenfasst.
Denke daran: Ä = AE; Ü = UE; ß = SS

1. Was hielten die Tiere ab?
2. Was wählten die Tiere?
3. Es war fast wie bei der großen
4. Wohin lief Reinhold, der Stier? Zum
5. Was ließ sich Reinhold besohlen? Die
6. Wer ließ sich die Pleureusen ondolieren?
   Der
7. Was ließ sich der Büffel rollen? Die
8. Was wollte Löwe Alois haben? Neue
9. Welche Farbe hat Alois Mähne? Sie ist
10. Wer schwärmt für blonde Mähnen? Die
11. Was ließ sich der Pfau auffrischen? Die
12. Wer nahm ein heißes Bad? Der
13. Worin nahm der Eisbär ein dampfendes Bad? In einem
14. Was tat Oskars Frau? Sie
15. Was bügelte Oskars Frau? Den
16. Wo saß Oskar inzwischen? Beim
17. Was war der Zahnarzt? Ein
18. Wen will Oskar auf die Reise mitnehmen?
    Den ______ des Zahnarztes.
19. Was soll Oskar mit dem Eimer voll Wasser?

Lösung:

5. Lesekapitel

Seite 28-36

Wenn du die Seiten 28–36 gelesen hast, kannst du die Fragen bestimmt beantworten. Kreuze die richtige Antwort an.

1. **Auf welchen Bahnhöfen standen die zur Abfahrt bereiten Züge?**

☐ In der Arktis, in Afrika, Amerika, Europa und Australien.

☐ In Afrika, Amerika, Europa und Australien.

☐ In Afrika, Asien, Amerika, Europa und Australien.

2. **Du hast gelesen, welches Verkehrsmittel Oskar, Alois und Leopold benutzten.**

☐ Den Schnelldampfer.

☐ Das Flugzeug.

☐ Den Zug.

3. **Oskars Frau rief den Abfahrenden noch etwas zu**

☐ Passt gut auf euch auf!

☐ Blamiert euch nicht!

☐ Gute Reise!

4. **Womit reiste der Hase?**

☐ Mit einem Schnelldampfer

☐ Mit einem Walfisch.

☐ Mit einem Zug.

5. **Einige Tiere lachten andere Delegierte aus, weil sie Angst vor dem Fliegen hatten. Welche Tiere waren es?**

☐ Der Adler, der Falke, der Bussard und der Reiher.

☐ Der Adler, der Geier, der Storch und der Reiher.

☐ Der Adler, der Geier, der Bussard und der Reiher.

6. **Der Skunk mietete sich einen fliegenden Teppich. Du weißt warum.**

☐ Er hatte das letzte Flugzeug verpasst.

☐ Man hatte ihm kein Flugticket verkauft, weil er stank.

☐ Er hatte Angst vor Flugzeugen.

7. **Die Polartiere bestiegen einen Eisberg, um zur Konferenz zu kommen. Mit dem Eisberg aber gab es ein Problem.**

☐ Er drohte zu sinken.

☐ Er schmolz.

☐ Er war schrecklich langsam.

8. **Die Tiere, die mit dem Zug reisten, hatten unterwegs Schwierigkeiten.**

☐ Der Zug hatte mehrere Pannen.

☐ Der Zug musste viele Grenzen passieren und die Tiere sollten uniformierten Beamten ihre Pässe und Ausreisevisa vorzeigen.

☐ Die Tiere hatten einen Streit.

9. **Wer verjagte die uniformierten Beamten?**

☐ Der Tiger und das Krokodil

☐ Alois, Oskar, der Tiger und das Krokodil

☐ Alois, Oskar und der Tiger

10. **Die kleinen Kinder erlebten eine Überraschung.**

☐ Ein Wanderzirkus kam in die Stadt.

☐ Die Tiere in den Bilderbüchern waren verschwunden.

☐ Sie konnten die Sprache der Tiere verstehen.

6. Lesekapitel

Seite 37-51

Wenn du die Seiten 37–51 gelesen hast, kannst du die folgenden Fragen bestimmt leicht beantworten. Schreibe die Antworten in dein Heft.

1. Warum wurden die Menschen immer neugieriger?
2. Was macht Reinhold, den Stier, nervös?
3. Zur wievielten Konferenz kommen die Menschen zusammen?
4. Wer befindet sich in Seenot?
5. Wodurch sind sie in Seenot geraten?
6. Im Hochhaus der Tiere haben einige Gäste Sonderwünsche: Welchen Wunsch
   a) hat der Delfin?
   b) hat das Krokodil?
   c) hat die Giraffe?
   d) hat Ulrich, die Eule?
   e) haben die exotischen Schmetterlinge?
   f) hat Max, die Maus?
   g) hat Reinhold, der Stier?
7. Welche Vorbereitungen werden vor der Konferenz getroffen?
8. Welche Tiere beraten darüber, was sie während der Konferenz sagen wollen?
9. Auf welche Nachricht warten die Tiere?
10. Warum fliegen der Pinguin und das Schneehuhn nicht los, um Hilfe zu holen?
11. Wer entdeckt die Tiere in Seenot als Erster?

7. Lesekapitel

Seite 51–55

Einige Tiere bringen ihre kleinen Freunde aus der Welt der Menschen mit.

1. Notiere jeweils den Namen der Tierart und schreibe daneben, wen sie mitbringen.
2. Suche die fünf Tiernamen in dem Rätsel.

S	X	Ö	V	Z	N	D	W	P	R	I	S	T	I
M	S	H	E	T	L	A	N	D	P	O	N	Y	K
J	U	R	K	G	H	E	Ä	X	Z	P	Ü	R	Ö
L	E	H	M	S	E	A	X	N	M	K	W	X	N
I	X	T	R	S	B	E	D	A	A	M	P	O	I
F	Y	L	Ö	R	C	H	S	T	U	E	L	Ü	G
A	C	M	E	T	H	R	G	N	S	Z	R	E	S
W	A	J	D	U	R	B	V	K	D	W	L	G	T
Q	G	I	R	A	F	F	E	L	C	V	M	L	I
B	E	N	U	L	U	A	H	C	S	Z	N	A	G
N	A	T	Ü	N	I	C	Y	L	B	A	S	E	E
E	I	N	E	K	L	U	A	H	I	S	I	E	R
R	Q	U	W	I	J	G	D	N	M	S	F	T	M
E	I	S	B	Ä	R	H	D	Z	L	K	R	M	A

1. ____________________
2. ____________________
3. ____________________
4. ____________________
5. ____________________

An einer Stelle im Buch sagt Oskar: „Ich werde nie begreifen, wie aus so netten Kindern irgendwann einmal Erwachsene werden."

Was sagst du, warum werden denn aus so netten Kindern irgendwann einmal Erwachsene, die Kriege anfangen und Grenzen aufbauen?

8. Lesekapitel

Seite 55-66

Wenn du die Seiten 55–66 gelesen hast, kannst du die folgenden Fragen bestimmt beantworten.

1. Wo wurde die 87. Konferenz der Menschen eröffnet?

   ____

2. So lautete der von den Spinnen und Webervögeln angefertigte Begrüßungsspruch für die Teilnehmer der Konferenz der Tiere.

   ____

3. Auf welchen Gegenständen machten es sich die Affen bequem?

   ____

4. Welches Tier raucht eine Zigarre?

   ____

5. Warum hatte der Skunk seinen Platz am offenen Fenster?

   ____

6. Wer spielt zu Füßen der fünf kleinen Ehrengäste?

   ____

   ____

7. Wem erteilte Oskar zuerst das Wort?

   ____

8. Welches Hindernis sollten die Menschen überspringen?

   ____

9. Was passierte, als Paul, der Eisbär, niesen musste?

   ____

   ____

   ____

10. Ein Sondergesandter wird mit einer Protestnote zu den Tieren geschickt. Wie ist sein Name?

    ____

11. Wohin gingen Paul, Alois und Oskar, bevor sie schlafen gingen?

    ____

12. Oskar ist auf die Herren in Kapstadt böse und betitelt sie mit 4 Schimpfworten. Wie nennt er die Minister und Staatsoberhäupter?

    ____

    ____

    ____

9. Lesekapitel

Seite 66–72

A Beantworte die folgenden Fragen und trage die Lösungen in das Kreuzworträtsel ein. Benutze nur Großbuchstaben! Die umrandeten Felder ergeben ein Lösungswort, das den Inhalt der Seiten 66–72 zusammenfasst. Denke daran: Ä = AE; Ü = UE

1. Wo bot sich am nächsten Morgen ein erstaunliches Schauspiel? In …
2. Wer strömte in die Stadt? Mäuse und …
3. Was fiel den Ratten zum Opfer? Das …
4. Wie sah es im Verhandlungssaal aus? Als wäre eine … niedergegangen.
5. Bis wohin reichten den Anwesenden die Aktenschnitzel? Bis zur …
6. Wo erschien Alois? Auf der …
7. Einige Fotografen hatten Bilder von dem Schauspiel gemacht. Wo saßen sie? Auf der …
8. Die Menschen in sämtlichen Hauptstädten der Erde machten vergnügte …
9. Was hatte General Zornmüller bestellt, damit die nächste Sitzung stattfinden konnte? Kopien und …
10. Was wurde vom Militär bewacht? Die …
11. Was für ein Tier ist Theodor? Ein …
12. Wie waren die Gesichter der Tiere, während sie nachdachten? …
13. Wie viele Stunden dachten die Tiere nach? …
14. Welches Tier brachte Gustav, das Känguru, auf eine Idee? Eine …
15. Wogegen flog das Insekt? Gegen die …

Lösung:

10. Lesekapitel

Seite 72-79

Die Tiere hatten gehofft, sie könnten die Menschen zu einer sinnvollen Verhandlung bringen, wenn ihnen die Akten nicht mehr im Weg wären. Leider hat der gute Plan, die Akten von Mäusen und Ratten zernagen zu lassen, nichts gebracht. Den Tieren wurde klar, dass auch die verschiedenen Uniformen die Menschen daran hindern, sich zu einigen. Deshalb dachten sie sich einen neuen Plan aus.

Beantworte die folgenden Fragen.
Der Text auf den Seiten 72–79 hilft dir.

1. Am wievielten Konferenztag war in Kapstadt alles wieder an seinem Platz?

   ____

2. Wo überall stehen Soldaten mit Gewehren und Artilleristen mit Kanonen, um die Akten zu bewachen?

   ____

   ____

3. Woraus bestehen die Wolken, die alles verdunkeln?

   ____

4. Wer erscheint auf der Fernsehleinwand?

   ____

5. Was tun die Motten?

   ____

6. Was wollen die Soldaten tun, wenn sie keine Uniform mehr besitzen?

   ____

   ____

7. Was glaubt Herr Zornmüller über den Willen der Staatsmänner zu wissen?

   ____

8. Wer glaubt, dass es keinen Sinn hat, die Menschen zur Einigkeit zu bringen?

   ____

9. Für wen soll aber die Einigkeit erreicht werden?

   ____

11. Lesekapitel

Seite 79-86

Wenn du die Seiten 79–86 gelesen hast, kannst du die folgenden Fragen bestimmt beantworten.

Der vierte Tag der siebenundachtzigsten Konferenz der Staatsmänner und der ersten und letzten Konferenz der Tiere wird zum „größten Schreckenstag der Menschheit".

1. Warum ist dieser Tag der Schreckenstag?

2. Was tun die Erwachsenen, als sie entdecken, dass die Kinder weg sind?

3. Was hat Herr Wagenthaler, der Nachtwächter, gesehen?

4. Wie heißt der jüngste Enkel von General Zornmüller?

5. Wer von den Tieren hält die wichtige Ansprache an die Menschen?

6. Von welchem Gesetz der Menschen haben die Tiere Gebrauch gemacht?

7. Wann läuft die Entscheidungsfrist für die Menschen ab?

8. Wohin wird die Tierdelegation gebracht?

9. Was möchte ein Staatspräsident wissen?

10. Welche Antwort gibt Paul, der Eisbär?

12. Lesekapitel

Seite 86-92

Wenn du die Seiten 86–92 gelesen hast, kannst du die folgenden Fragen bestimmt beantworten.
Kreise den Buchstaben der richtigen Antwort ein.
Wenn du alles richtig gemacht hast, ergeben die Lösungsbuchstaben von oben nach unten das Lösungswort.

	stimmt	stimmt nicht
1. Die Kinder hatten es bei den Tieren gut.	**R**	**W**
2. Die Tiere hatten die Kinder in die Wüste gebracht.	**A**	**I**
3. Es kamen Schafe, um den Kindern Milch zu bringen.	**L**	**T**
4. Die Kinder bekamen viel Obst zu essen.	**T**	**F**
5. Die Tiere spielten mit den Kindern „Blindekuh“.	**E**	**I**
6. Mit einigen Tieren spielten die Menschenkinder „Stille Post“.	**S**	**R**
7. Am Abend bekamen viele Kinder Heimweh.	**C**	**B**
8. Die Eltern konnten vor Sorge um ihre Kinder nicht schlafen.	**U**	**H**
9. Während der Verhandlung zwischen den Tieren und den Staatsmännern flog eine Rauchbombe durchs Fenster.	**B**	**R**
10. Der Löwe Hasdrubal übte rechnen, um die Kinder unterrichten zu können.	**G**	**A**
11. Das Gnu wusste nicht, wie viel 3 x 4 ist.	**E**	**U**
12. Hasdrubal hatte sein Toupet verloren.	**N**	**CH**

Lösung: ______________________________

13. Lesekapitel

Seite 92-97

Leseverständnis

Endlich haben es die Tiere geschafft. Die Menschen sind zur Vernunft gekommen. Wenn du die Fragen richtig beantwortest, erhältst du als Lösungswort das wichtigste Wort dieses Lesekapitels. Denke daran: Ä = AE, Ü = UE

1. Womit unterzeichnen die Staatshäupter?
   Mit dem
2. Was unterzeichnen die Staatshäupter? Den
3. Wer hat gesiegt? Die
4. Was soll laut Punkt 1 des Vertrages beseitigt werden?
   Die
5. Was soll alles laut Punkt 2 des Vertrages abgeschafft werden?
   a)
   b)
   c)
6. Wissenschaft und Technik stehen in Zukunft im Dienst
   des
7. In welchem Punkt des Vertrages wird gefordert, die Zahl der Büros, Beamten und Aktenschränke zu verringern?
8. Wer werden in Zukunft die am besten bezahlten Beamten sein?
   Die
9. Wie lautet das Ziel der echten Erziehung?
   !
10. Wodurch erfuhren die Menschen von der Unterzeichnung des Vertrages?
    Durch den
11. Was verbog sich um einen halben Zentimeter?
    Die
12. Was hängten die Eltern an Stelle
    der Grenzen auf?

Lösung:

14. Lesekapitel

Seite 98-100

Leseverständnis

A Wer sagt „was"? Verbinde!

So eine Konferenz ist eine anstrengende Sache.

Heute in vier Wochen Konferenz im Hochhaus der Tiere!

Mir zu Ehren wollen sie eine Straße Leopold-Straße nennen.

Habt ihr auch gehört, dass sie uns zu Ehren-Erdenbürgern ernennen wollen?

Wisst ihr, wie viel ich abgenommen habe? Vierhundert Pfund!

Dass ich mich nicht schwarz geärgert habe, ist ein wahres Wunder.

Das nächste Mal musst du früher aufstehen, mein Lieber. Die Konferenz ist ja längst gewesen.

Macht nichts, die schlanke Linie ist modern.

Lied 1

Melodie: Ein Vogel wollte Hochzeit machen

Konferenz ist angesagt,
die Nachricht um die Erde jagt.

Fideralala, ...

Zur Konferenz sich machen fein,
die Tiere alle, groß und klein.

Fideralala, ...

Der Löwe lässt sich ondolier'n
und seine Pfoten manikür'n.

Fideralala, ...

Der Stier legt Wert auf neue Schuh,
der Schuster passt sie an im Nu.

Fideralala, ...

Der Eisbär nimmt ein Bad, juchhe,
sein Pelz ist jetzt so weiß wie Schnee.

Fideralala, ...

Der Pfau schlägt stolz ein großes Rad,
sein Federkleid ist neu bemalt.

Fideralala, ...

Der Elefant will nichts riskier'n,
lässt sich den Stoßzahn noch plombier'n.

Fideralala, ...

Ein jeder müht sich ab mit Fleiß
und tritt dann an die große Reis'.

Fideralala, ...

Lied 2

Melodie: Fuchs du hast die Gans gestohlen

Kinder brauchen Liebe

Hoch auf Papas Schultern reiten,
das macht mächtig Spaß,
das macht mächtig Spaß,
und mit Mama Fangen spielen,
ei, wie lieb ich das,
und mit Mama Fangen spielen,
ei, wie lieb ich das.

Jn der Schule so zu lernen,
wie's uns Freude macht,
wie's uns Freude macht,
frei zu sagen unsre Meinung,
ohne dass wer lacht,
frei zu sagen unsre Meinung,
ohne dass wer lacht.

Jn der Freizeit möcht ich toben
und nicht immer hör'n,
und nicht immer hör'n,
dass wir mit dem Spielen, Lärmen,
alle um uns stör'n,
dass wir mit dem Spielen, Lärmen,
alle um uns stör'n.

Große Leute sollten sich,
erinnern doch daran,
erinnern doch daran,
dass sie noch vor ein'gen Jahren
selber Kinder war'n,
dass sie noch vor ein'gen Jahren
selber Kinder war'n.

Kunst rund ums Buch

Hier findet ihr einige Ideen, wie ihr künstlerisch zu diesem Buch arbeiten könnt.

Ihr könnt verschiedene Tiere großformatig mit Wasserfarbe (z.B.: Elefant, Löwe, Giraffe) vor einem einfarbigen Hintergrund malen.

Ihr könnt auch Tiermasken aus Pappe basteln. Schneidet Löcher aus, durch die ihr sehen könnt. Bemalt oder beklebt die Masken, damit sie aussehen wie das Tier, das ihr darstellen möchtet. Befestigt auf beiden Seiten der Maske ein Gummiband. Dann könnt ihr die Masken aufsetzen und sie nutzen, um zum Beispiel die Gerichtsverhandlung zu spielen.

Wie wär's mit einer Tiercollage? Schneidet aus Zeitschriften viele Tiere aus und klebt sie in Gruppen auf ein Blatt. Diese Gruppen könnt ihr unter verschiedenen Aspekten zusammenstellen, z.B.: nach Tierarten: Vögel – Fische – Säugetiere – Insekten, nach Lebensräumen: in der Steppe, in der Wüste, im Wald …, oder ihr denkt euch selber eine Einteilung aus.

Wer gerne knetet, kann Tiere aus Knetgummi oder Ton formen. Stellt die fertigen Tiere zusammen auf. Vielleicht könnt ihr auch eine Riesenweltkarte zeichnen und die Tiere auf die Kontinente stellen, in denen sie leben.

Wer lieber mit Naturmaterialien bastelt, kann auch Zweige, Früchte, Blätter und anderes Material sammeln und daraus Tiere basteln.

Tiere aus aller Welt

Schneide die Tierabbildungen aus und klebe die Tiere auf Seite 36 auf den Kontinent, auf dem sie leben.

Suche nach einem weiteren Tier, das in Nordamerika zu Hause ist. Schreibe seinen Namen in den entsprechenden Teil auf der Weltkarte oder male das Tier.

Tier: Elefant
lebt in: Afrika, Asien

Tier: Giraffe
lebt in: Afrika

Tier: Löwe
lebt in: Afrika

Tier: Hirsch
lebt in: Europa

Tier: Känguru
lebt in: Australien

Tier: Yak
lebt in: Asien

Tier: Eichhörnchen
lebt in: Europa

Tier: Koalabär
lebt in: Australien

Tier: Panda
lebt in: Asien

Tier: Papagei
lebt in: Südamerika

Tier: Tiger
lebt in: Asien

Tier: Präriehund
lebt in: Nordamerika

Tier: Lama
lebt in: Südamerika

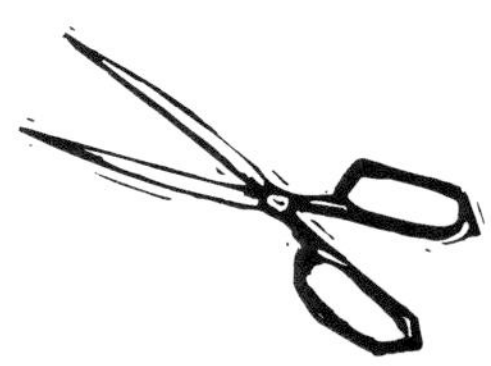

Weltkarte:

Tiere aus aller Welt

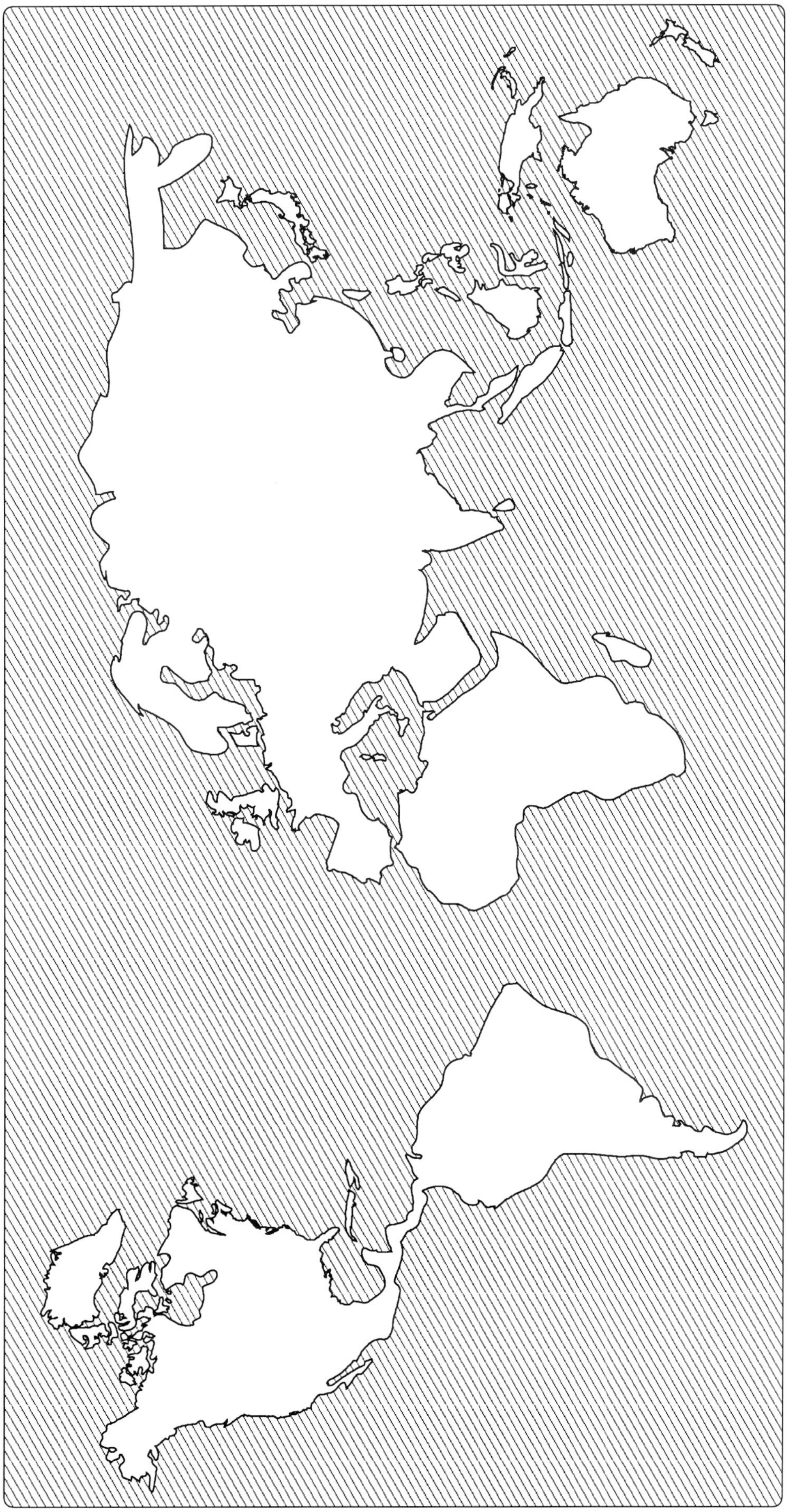

Informiere dich über Eisbären und Pinguine. Wo leben sie? Schreibe auf!

Eisbär: ____________________ Pinguin: ____________________

Sachrechnen:

Löwen und Elefanten

Ein Elefant muss viel fressen. Jeden Tag braucht er zirka 150 kg Pflanzennahrung wie Gras und Blätter. • Der afrikanische Elefant wiegt 4000–6000 kg. • Die Elefantenbullen streifen als Einzelgänger durch das Gelände, während sich die Elefantenkühe mit ihren Kälbern zu Familiengruppen zusammenschließen. • Eine Elefantenkuh bekommt mit 10 Jahren ihr erstes Kalb. Die Schwangerschaft (Tragzeit) dauert 20–22 Monate. Zwischen zwei Geburten liegen meist 4–5 Jahre. • Um genügend Nahrung zu finden, muss der Elefant während des Fressens wandern. Er frisst 17–19 Stunden am Tag. Dabei bewegt er sich mit 4 km in der Stunde fort.

Löwen leben in Rudeln zu 6–20 Tieren zusammen. • Ein ausgewachsener Löwe erreicht eine Schulterhöhe von 1 m und wird 2 m lang. • Ein ausgewachsener Löwe wiegt zirka 4 Zentner. • Eine Löwin bringt jedes Jahr 2–4 Junge zur Welt, die sie säugt. • Erwachsene Löwen brauchen alle 2–3 Tage ein größeres Beutetier als Nahrung. Bei einer solchen Mahlzeit kann ein ausgewachsener Löwe bis zu 30 kg Fleisch fressen.

A Nutze die gegebenen Informationen, um folgende Aufgaben zu berechnen!

1. Wie viel kg Fleisch frisst ein Löwenrudel, das aus 13 ausgewachsenen Tieren und 6 Neugeborenen besteht, bei einer Mahlzeit?
2. Wie viel Kilogramm wiegen 7 ausgewachsene Löwen?
3. Wie viel wiegt eine Herde mit 8 ausgewachsenen Elefanten?
4. Wie viele Junge werden in einem Löwenrudel mit 5 Weibchen durchschnittlich geboren?
5. Wie alt ist eine Elefantenkuh, die drei Kälber zur Welt gebracht hat?
6. Wie viel kg Pflanzen frisst ein Elefant in einem Jahr?
7. Wie viele km wandert ein Elefant am Tag bei seiner Nahrungsaufnahme?
8. Für wie viele Löwen reicht das Fleisch einer ausgewachsenen Giraffe von 500 kg?
9. Eine Elefantenkuh und ihr neugeborenes Kalb wiegen zusammen 5100 kg. Die Elefantenmutter ist 5 Tonnen schwerer als ihr Kind. Wie viel kg wiegt das Elefantenbaby?

Denke dir selbst Aufgaben aus. Gib sie deinen Mitschülern zu rechnen.

Das Telegramm

Als es noch nicht in jedem Haushalt ein Telefon oder einen Computer zum E-Mailen gab, war das Telegramm die schnellste Nachrichtenübermittlung.
Mit Hilfe des Morsealphabets (siehe Seite 44) wurden Nachrichten telegrafiert (das heißt mit Strom gesendet).
Da das Morsealphabet keine Großbuchstaben kennt, sind alle Nomen klein geschrieben.
Man konnte Telegramme nur an Telegrafenstationen aufgeben.
Man konnte auch nicht selbst morsen, so wie man telefonieren oder faxen kann. Das Morsen will gelernt sein.
Aus einer Folge von kurzen und langen Tönen Buchstaben und ganze Sätze herauszuhören ist nun wirklich nicht einfach, wie du dir wohl denken kannst. Es musste auch ständig jemand am Telegrafiergerät sitzen, damit ankommende Nachrichten sofort aufgenommen werden konnten. Daher war diese Form der schnellen Nachrichtenübermittlung ziemlich teuer.
Jede Silbe eines Wortes musste bezahlt werden.
Deshalb versuchten die Leute Silben und damit Geld zu sparen, indem sie nur die wichtigsten Worte der Sätze telegrafierten. Unwichtige Worte, die man sich aus dem Zusammenhang des Satzes denken konnte, ließ man einfach weg.

Ein Beispiel:

Wir sind gut am Urlaubsort angekommen.
Diesen Satz könnte man so auf eine Ferienpostkarte schreiben, auf einem Telegramm wäre das zu teuer. Deshalb hätte man den Satz so gekürzt: – *gut angekommen* –.
Damit nun die Teilsätze nicht zu einem Satzsalat werden, muss nach jedem Teilsatz ein Trennzeichen stehen.

Schau dir das erste Telegramm des Buches an.

1. Zähle, aus wie vielen Teilsätzen das Telegramm besteht.
2. Zähle, aus wie vielen Silben das Telegramm besteht.
3. Schreibe das Telegramm nach Silben getrennt auf (Kon-fe-renz). Schreibe dabei die Nomen groß!
4. Schreibe selbst ein Telegramm.

Wie viel kostet ein Telegramm?

Wie du vielleicht bereits im Text über das Telegramm gelesen hast, musste früher jede Silbe, die man telegrafierte, bezahlt werden.

1. Such dir zwei oder drei Telegramme aus dem Buch aus und zähle die Silben. Vielleicht hast du ja auch schon ein eigenes geschrieben.

2. Rechne aus, was die Telegramme gekostet hätten:
   a) bei einem Silbenpreis von 0,20 DM pro Silbe
   b) bei einem Silbenpreis von 0,25 DM pro Silbe

   Natürlich kam zu jedem Telegramm auch noch eine Bearbeitungsgebühr, sagen wir einmal 6 DM, hinzu.

Heute kostet ein Minitelegramm (bis zu 10 Worte) 29,- DM.
Ein Maxitelegramm (bis zu 30 Worte) kostet 35,- DM.

3. Waren die Telegramme früher billiger oder sind sie es heute? Um das auszurechnen nimm dir zwei der Telegramme, die du oben bereits berechnet hast. Überprüfe, ob sie als Minitelegramme durchgehen oder ob es Maxitelegramme sind. Dann kannst du die Preise vergleichen. Denk daran, dass bei den heutigen Telegrammen keine Silben, sondern nur die Wörter gezählt werden.

Der Turmbau zu Babel

Die Geschichte vom Turmbau zu Babel ist schon sehr alt. Sie steht in der Bibel, im ersten Buch Mose, das Genesis heißt. Zunächst sind sich die Menschen in dieser Geschichte ganz einig. Sie sind ein Volk und sprechen eine Sprache. Sie wollen zusammenleben und machen sich von Osten nach Westen auf, einen Ort zu suchen, an dem sie eine Stadt bauen können. Sie finden schließlich eine fruchtbare Ebene zwischen den Flüssen Euphrat und Tigris. Dort beginnen sie Lehmziegel zu brennen und eine Stadt zu bauen.
In dieser Stadt soll es auch einen Turm geben, darüber sind sie sich einig. Dieser Turm soll bis in den Himmel, zu Gott, reichen. Die Bewohner der Stadt wollten sich damit einen großen Namen machen – kurz gesagt: sie wollten angeben vor Gott.
Vielleicht hätten sie mit ihrer anfänglichen Einigkeit dieses Ziel sogar erreicht.
In der Geschichte vom Turmbau lässt Gott diesen Größenwahn nicht zu. Er steigt vom Himmel herab und verwirrt ihre Sprachen, sodass niemand mehr den anderen versteht.
Wie es danach auf der Baustelle zugegangen ist, könnt ihr euch sicher vorstellen. Der Turm wurde nie fertig. Die Menschen hielten es nicht mehr miteinander aus und zerstreuten sich über die ganze Erde. Das Wort „Babel“, so wurde die Stadt mit dem unvollendeten Turm genannt, bedeutet Verwirrung. Auch heute noch ist bei den Menschen das Bedürfnis groß, „sich einen großen Namen zu machen“ anstatt der Sache zu dienen.
Die Folgen sind wie damals: sie reden und reden, aber verstehen sich nicht, reden aneinander vorbei und laufen schließlich uneinig auseinander. Genau das meint Oskar, wenn er im ersten Lesekapitel zu seiner Frau sagt:

„Wieder eine Konferenz zum ____________“

Vervollständige den Satz oben.
Vielleicht liest du die Geschichte vom Turmbau zu Babel einmal in der Schulbibel nach (Genesis 11, 1–9) und malst den unfertigen Turm.

Viele Sprachen – große Verwirrung

Wenn zu einer Konferenz viele Teilnehmer aus verschiedenen Ländern kommen, spricht oft jeder eine andere Sprache. Manchmal sprechen die Menschen nicht nur die Sprache ihres Heimatlandes (Muttersprache), sondern auch eine Fremdsprache, z.B. Englisch. Trotzdem kommt man bei einer internationalen Konferenz meist nicht ohne Dolmetscher aus. Dolmetscher sind Übersetzer, die alles, was gesprochen wird, in die jeweilige Landessprache übersetzen. Die Konferenzteilnehmer hören die Übersetzung über Kopfhörer.

Auf dieser Seite sind einige Sprachen (Deutsch, Englisch, Türkisch) durcheinander geraten. Versuche die Wörter mit der jeweils gleichen Bedeutung richtig in Form einer Tabelle zuzuordnen. Vielleicht könnt ihr die Tabelle auch noch fortsetzen oder um eine Sprache erweitern, wenn ihr jemanden in eurer Klasse habt, der aus einem anderen Land kommt. Viel Spaß beim Übersetzen – ein Wörterbuch der jeweiligen Sprache kann euch helfen!

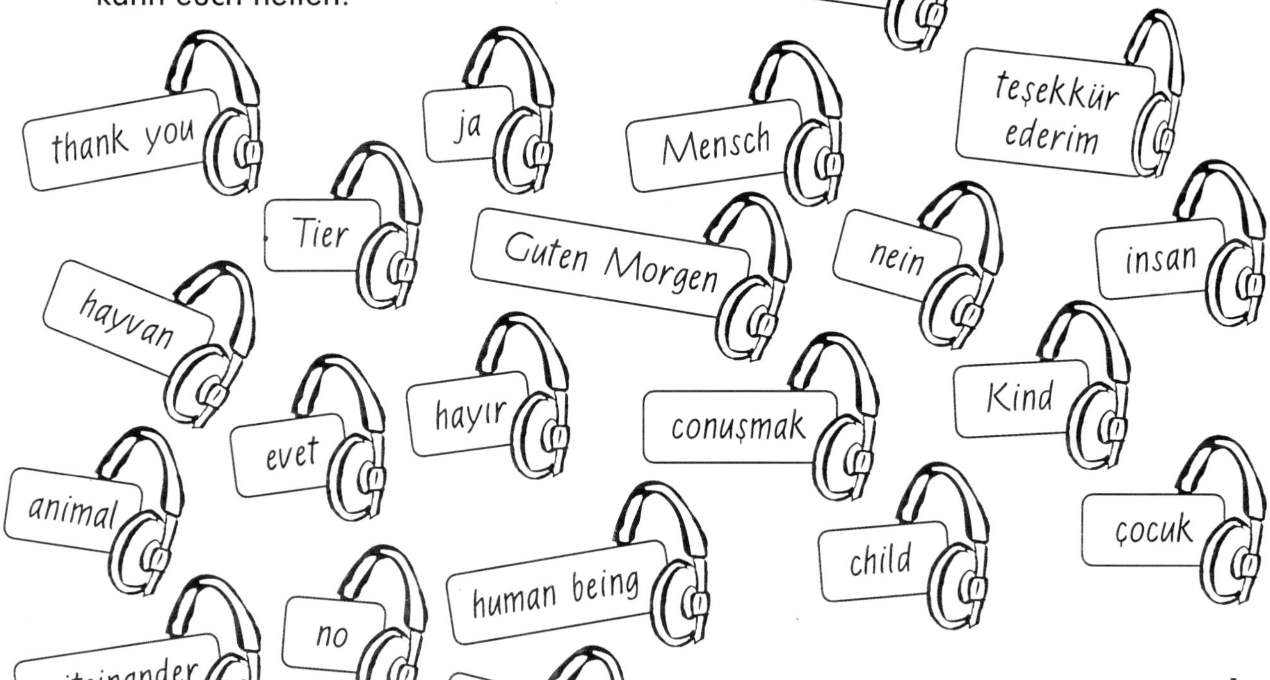

Deutsch	Englisch	Türkisch	...

Anruf nach Asien

Der kleine Sohn von Maus Max spielt allein im Kinderzimmer, als das Telefon klingelt. Da Mama und Papa nicht zu Hause sind, nimmt das Mäusekind den Hörer ab.

A Überlege, was das Mäusekind dem Elefanten Oskar antwortet. Achte darauf, was Oskar sagt und fragt. Schreibe das, was das Mäusekind sagt, in die Sprechblasen.

Sprichwörter

Hier sind vier Sprichwörter bildlich dargestellt.
Schreibe die Sprichwörter unter die passenden Bilder.

Was bedeuten die Sprichwörter.
Ordne sie ihren richtigen Bedeutungen zu.

Tomaten auf den Augen haben.

Den Kopf in den Sand stecken.

Bohnen in den Ohren haben.

Mit dem Kopf durch die Wand gehen.

Etwas auf jeden Fall durchsetzen wollen.

Etwas nicht sehen.

Eine Gefahr nicht sehen wollen, um nicht reagieren zu müssen

Nicht hören wollen.

Vielleicht kennst du noch weitere Sprichwörter und möchtest sie malen. Lass deine Mitschüler raten.

Das Morsealphabet

Der Amerikaner Samuel Morse hat das Morsealphabet erfunden. Als es noch kein Telefon gab, war das Morsen die einzige Möglichkeit, Nachrichten schnell von einer Stadt in die nächste zu senden. Dazu brauchte man elektrischen Strom. Jeder Buchstabe und jede Zahl wurden mit Hilfe von Punkten (· = kurzes Signal) und Strichen (– = langes Signal) dargestellt. Damit man die gesendete Nachricht auch lesen konnte, musste ein Empfangsgerät die Nachricht aufzeichnen. Auch heute noch werden die Morsezeichen z.B. im Funkverkehr der Schiffe benutzt. Man kann Morsezeichen auch mit Hilfe von Licht bei Dunkelheit oder als Klopfzeichen bei geringer Entfernung senden.

Das Morsealphabet

a	· –	k	– · –	w	· – –	Punkt
	(kurz lang)	l	· – · ·	x	– · · –	· – · – · –
ä	· – · –	m	– –	y	– · – –	Komma
	(kurz lang kurz lang)	n	– ·	z	– – · ·	– – · · – –
b	– · · ·	o	– – –	1	· – – – –	Schluss
c	– · – ·	ö	– – – ·	2	· · – – –	· – · – ·
ch	– – – –	p	· – – ·	3	· · · – –	Notruf (SOS)
d	– · ·	q	– – · –	4	· · · · –	· · · / – – – / · · ·
e	·	r	· – ·	5	· · · · ·	Verstanden
f	· · – ·	s	· · ·	6	– · · · ·	· · · – ·
g	– – ·	t	–	7	– – · · ·	
h	· · · ·	u	· · –	8	– – – · ·	
i	· ·	ü	· · – –	9	– – – – ·	
j	· – – –	v	· · · –	0	– – – – –	

Schau dir das Morsealphabet an und versuche die Nachricht zu entschlüsseln.

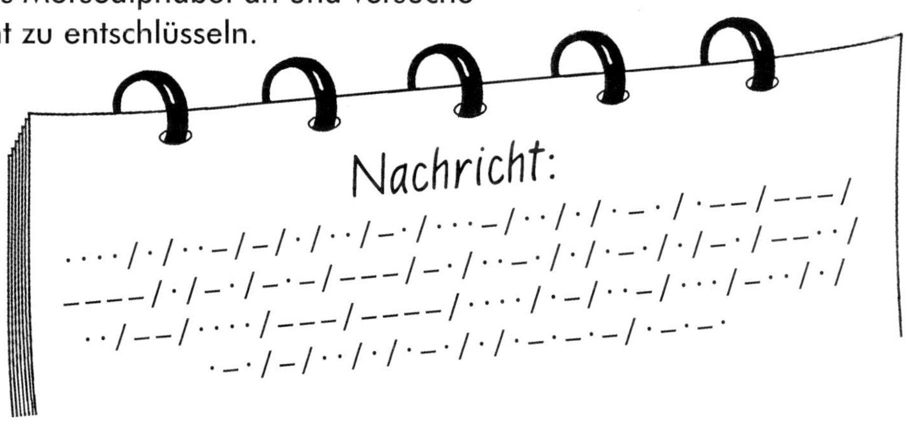

Vielleicht hast du Lust, deinem Freund oder deiner Freundin eine Morsenachricht zu schicken. Wenn ihr nicht zu laut seid, kann einer Klopfzeichen geben und der andere muss die Nachricht danach entschlüsseln.

Tierkreuzworträtsel

Fülle das Kreuzworträtsel aus.
Denke daran: Ä = AE; Ö = OE

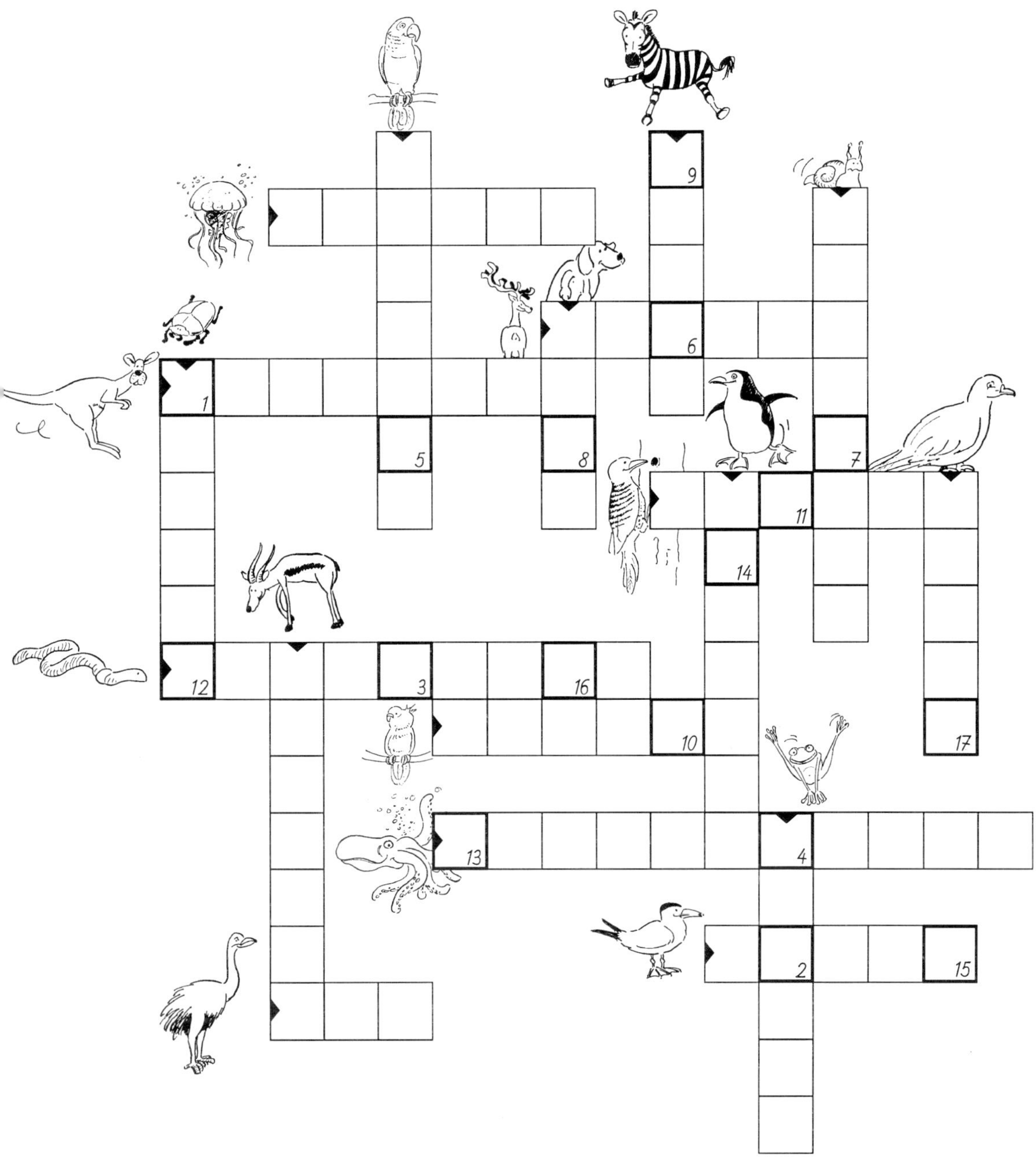

Lösung:

1	2	3	4	5	6	7	8	9	10	11	12	13	14	15	16	17

Die Erde – Wie kommt Fridolin nach Australien?

Unsere Erde ist vor Milliarden von Jahren entstanden. Aus einer glühenden Staub- und Gaswolke bildete sich in Milliarden Jahren das Gesicht unseres Planeten, so wie wir ihn kennen. Mit Ozeanen, Seen, Flüssen, großen Landmassen, Inseln, Gebirgen und vielem mehr. Könnte man ein Stück aus dem Erdball herausschneiden (wie bei einem Apfel), würden wir entdecken, dass es im Innern der Erde immer noch heiß hergeht.
Wir bekommen eine Ahnung davon, wenn irgendwo auf der Erde ein Vulkan ausbricht und das Innere der Erde nach außen dringt.
Vielleicht war schon mal jemand in der Nähe eines aktiven Vulkans. Da merkt man dann, wie heiß die Erde ist.

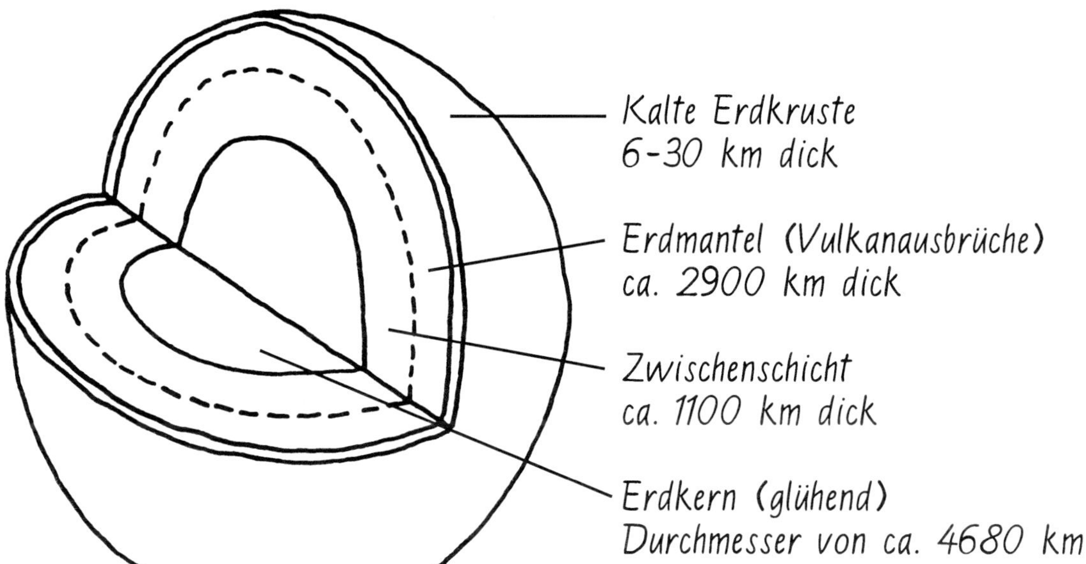

A Warum ist es nicht möglich, dass der Regenwurm Fridolin einmal quer durch den Erdball nach Australien kriecht?

____

____

____

____

____

Tierstimmen

Die Tiere verbreiten die Nachricht von der ersten Tierkonferenz in der ganzen Welt. Jedes Tier spricht in seiner Sprache. Das ist ein richtiges Durcheinander. Ordne jedem Tier die richtige Stimme zu und suche jeweils ein passendes Adjektiv (Wiewort), das die Eigenschaft der Stimme genauer beschreibt.

Verben, die Tierstimmen genauer beschreiben:
zirpen, brüllen, piepsen, trompeten, röhren, kreischen, bellen, klopfen, plappern, summen, miauen, quaken, brummen, wiehern, zwitschern

Adjektive, die Tierstimmen genauer beschreiben:
dröhnend, laut, gellend, hoch, leise, tief, dumpf, schrill, heiser, hell

Tiere:
Hund, Hirsch, Affe, Papagei, Katze, Specht, Kolibri, Käfer, Schwalbe, Elefant, Löwe, Maus, Bär, Pferd, Frosch

Schreibe so:
Ein Hund bellt laut.
Oder so:
Der Hund bellt laut.

Tipp: Macht euch gegenseitig Tierstimmen vor und ratet, welches Tier gemeint ist. Wenn ihr einige Stimmen nachmachen könnt, spielt doch einmal die Konferenz mit den Stimmen der Tiere nach. Ihr könnt das Tiergespräch auch auf Kassette aufnehmen, wenn ihr einen Kassettenrekorder zur Hand habt.

Tiersteckbriefe

Im Buch reisen die unterschiedlichsten Tiere zur Konferenz. Suche dir ein Tier aus und fertige einen Steckbrief dafür an. Du kannst einen eigenen entwerfen oder die Vorlage von Seite 48 nehmen.
Wenn jeder in der Klasse sich für ein anderes Tier entscheidet, könnt ihr euer „Klassen-Tierlexikon" herstellen.

Tiersteckbrief

Name: ______________________

Hier lebt es: ______________________

____

Das habe ich über das Tier herausgefunden:

____

____

____

____

____

____

____

____

So sieht das Tier aus:

Vom Nordpol nach Kapstadt

Die Polartiere benutzen einen Eisberg, um vom Nordpol nach Kapstadt zu kommen. Suche mit Hilfe einer Weltkugel oder einer Weltkarte den Nordpol und dann Kapstadt und markiere sie unten in der Karte durch ein Kreuz (x). Zeichne den Weg in die Karte ein, den der Eisberg nimmt. Wie heißt der Ozean, durch den die Tiere fahren?

____

Male die unterschiedlichen Wärmeströmungen in verschiedenen Farben aus.

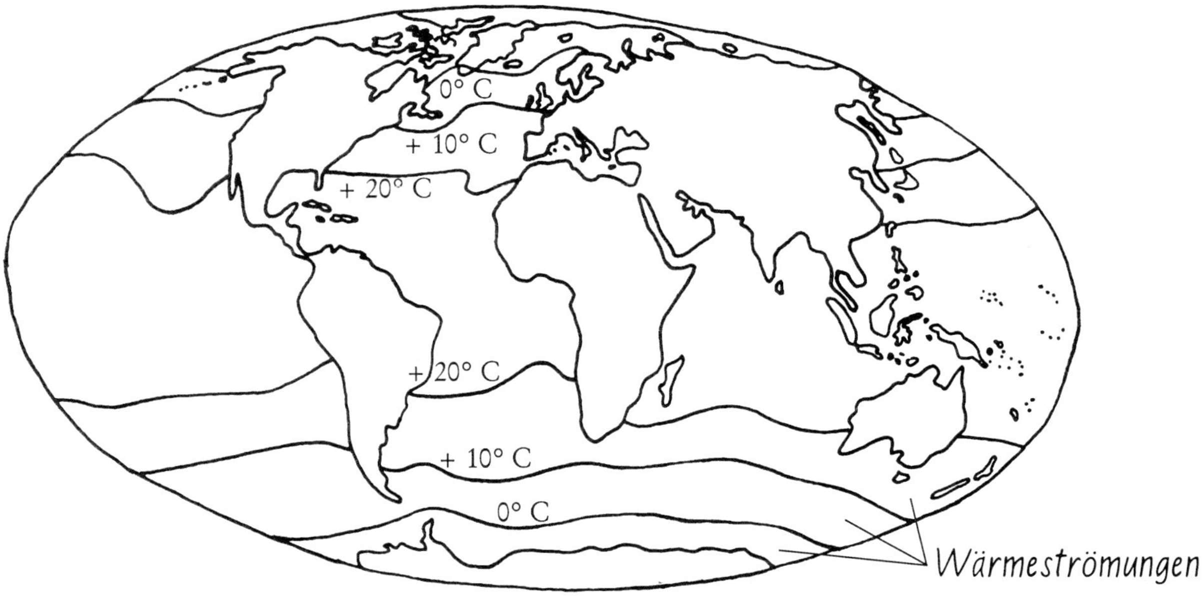

Warum schmilzt der Eisberg?

Mache folgenden Versuch:

1. Nimm ein Glas und fülle es mit kaltem Leitungswasser.
2. Miss die Wassertemperatur mit einem Badethermometer:
   _____ ° Grad
3. Lege einen Eiswürfel ins Wasser und beobachte, was passiert (Thermometer bleibt im Glas)

   Der Eiswürfel ______________________________.

   Die Wassertemperatur ______________________________.

Betrachte die Angaben zu den mittleren Wassertemperaturen vom Nordpol nach Kapstadt und erkläre, warum der Eisberg schmilzt.

Interessanterweise kann ein Eisberg recht lange auch in wärmerem Wasser treiben, da der Schmelzprozess die Wassertemperatur um den Eisberg herum sinken lässt. Das hast du im Versuch mit dem Eiswürfel festgestellt. Irgendwann ist aber auch der größte Eisberg in den warmen Strömungen, z.B. des Golfstromes, geschmolzen.

Eisberge

Am Nordpol gibt es keinen Kontinent. Die riesige Eisdecke dort umschließt das Gebiet des Nordpolarmeeres, die nördlichsten Teile Nordamerikas, Europas, Asiens, Grönlands und verschiedene kleine Inseln.
Am Rand der Packeisdecke brechen immer wieder Eisstücke ab und bilden Eisberge, die aufs Meer hinaustreiben.

Nur ein kleiner Teil ($^1/_7$) eines Eisberges schwimmt über Wasser. Der Rest des Eisberges ($^6/_7$) ist unter Wasser und nicht zu sehen.

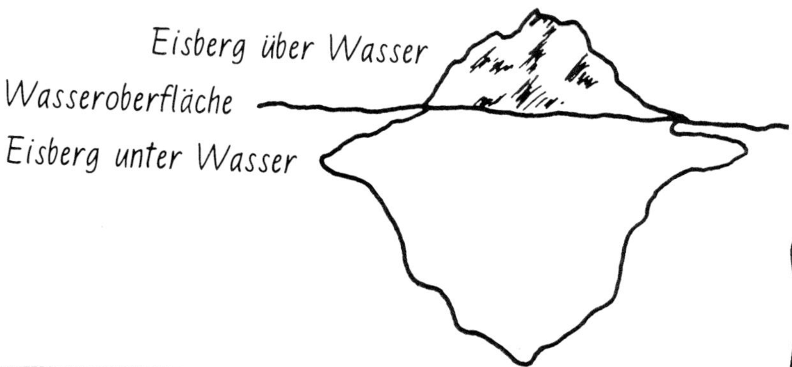

Du kannst das selber überprüfen, indem du einen Eiswürfel in ein Glas Wasser oder Limonade legst.
Über dem Flüssigkeitsspiegel siehst du nur einen kleinen Teil.
Eisberge sind besonders für Schiffe gefährlich, da die Ausdehnung unter Wasser für den Kapitän nicht erkennbar ist.
Das berühmte Schiff „Titanic" ist auf seiner ersten Fahrt gegen einen Eisberg gefahren und gesunken.

Warum nehmen die Überseedampfer Reißaus, wenn sie den Eisberg mit den Tieren kommen sehen?

____

____

____

____

____

Grenzen

Auf ihrer Reise mussten die Tierdelegierten viele Länder durchqueren und an vielen Grenzen Halt machen.
Grenzen zeigen, wo ein Land endet und wo das nächste beginnt.
Meistens wird die Grenzlinie durch Zeichen (Grenzpfähle) markiert.
Manchmal bildet auch ein Fluss (Flussmitte) oder ein Gebirge (Gebirgskamm) eine natürliche Grenze.
Grenzen kann man meist nur an den Grenzübergängen überschreiten.
Dort wird man von Grenzbeamten kontrolliert. Man muss seinen Ausweis zeigen und damit erklären, wer man ist und woher man kommt. Für manche Länder braucht man eine besondere Erlaubnis, ein Visum. In einige Länder Europas kann man seit kurzem aber auch ohne Ausweis reisen.

Schau dir die Landkarte von Europa an.
Die Umrandung der Länder markiert die Grenzen.

1. Zeichne alle Grenzen mit einem roten Stift nach.
2. Suche zu jedem Land den richtigen Ländernamen. (Du brauchst einen Atlas oder Globus).
3. Vielleicht hast du Lust auch die Hauptstädte der Länder herauszufinden. Lege eine Tabelle an.

Land	Hauptstadt
Deutschland	Berlin
...	

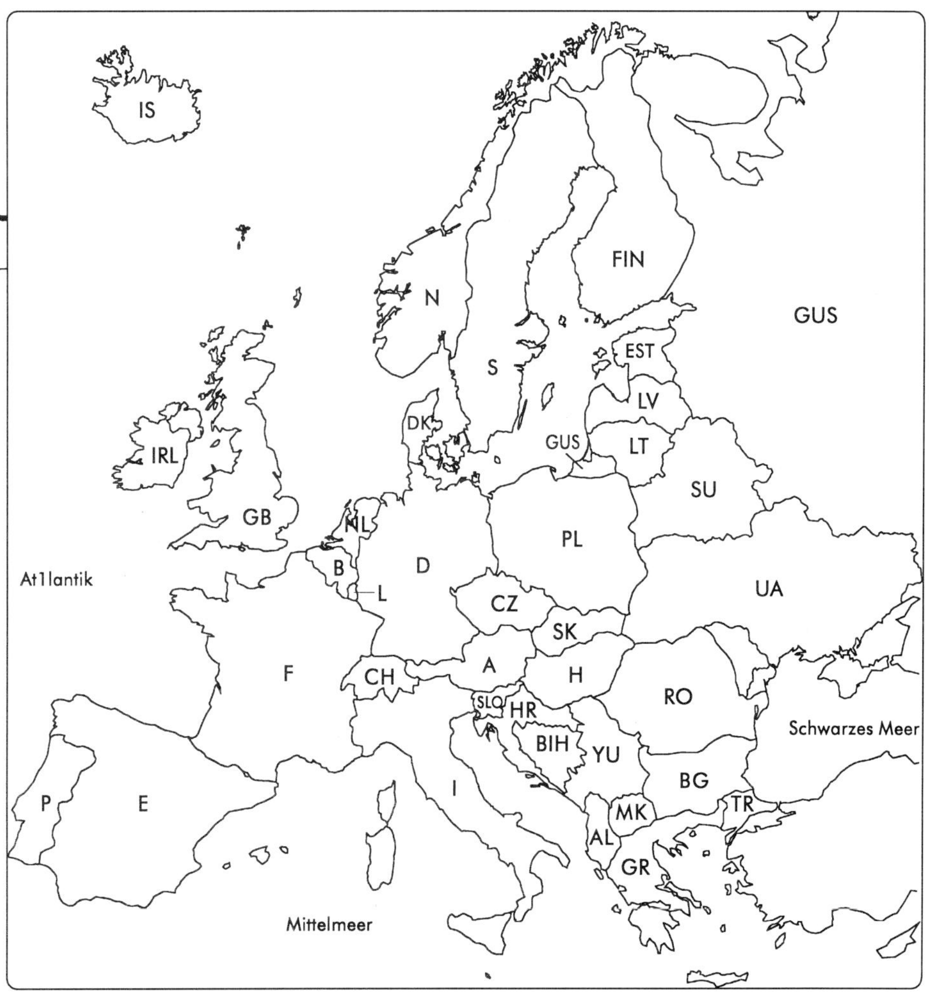

Grenzen überschreiten

Die Länder der Erde unterscheiden sich durch viele Gegebenheiten. Jedes Land hat eine eigene Regierung, eine eigene Sprache, eigene Lebensgewohnheiten, eine eigene Währung (Geldsorte) und vieles mehr. Am 1. Januar 1999 haben sich elf Länder Europas zu einer Währungsgemeinschaft zusammengeschlossen. Das heißt, sie haben sich auf eine gemeinsame „Geldsorte" geeinigt. Vorher hatte jedes Land sein eigenes Geld. Die neue Währung heißt „Euro" und sie gilt in folgenden Ländern: Deutschland, Belgien, Luxemburg, Spanien, Frankreich, Irland, Italien, Niederlande, Österreich, Portugal, Finnland. Eine gemeinsame Währung ist ein wichtiger Schritt, die trennenden Grenzen zwischen Ländern nicht mehr so wichtig zu nehmen.

1. Male alle Länder, die am „Euro" beteiligt sind, in einer Farbe aus.
2. Überlegt in der Klasse, welche Unterschiede der Länder nicht so leicht zu überwinden sind wie unterschiedliche Geldsorten. Warum ist das so? Erstellt ein Plakat!

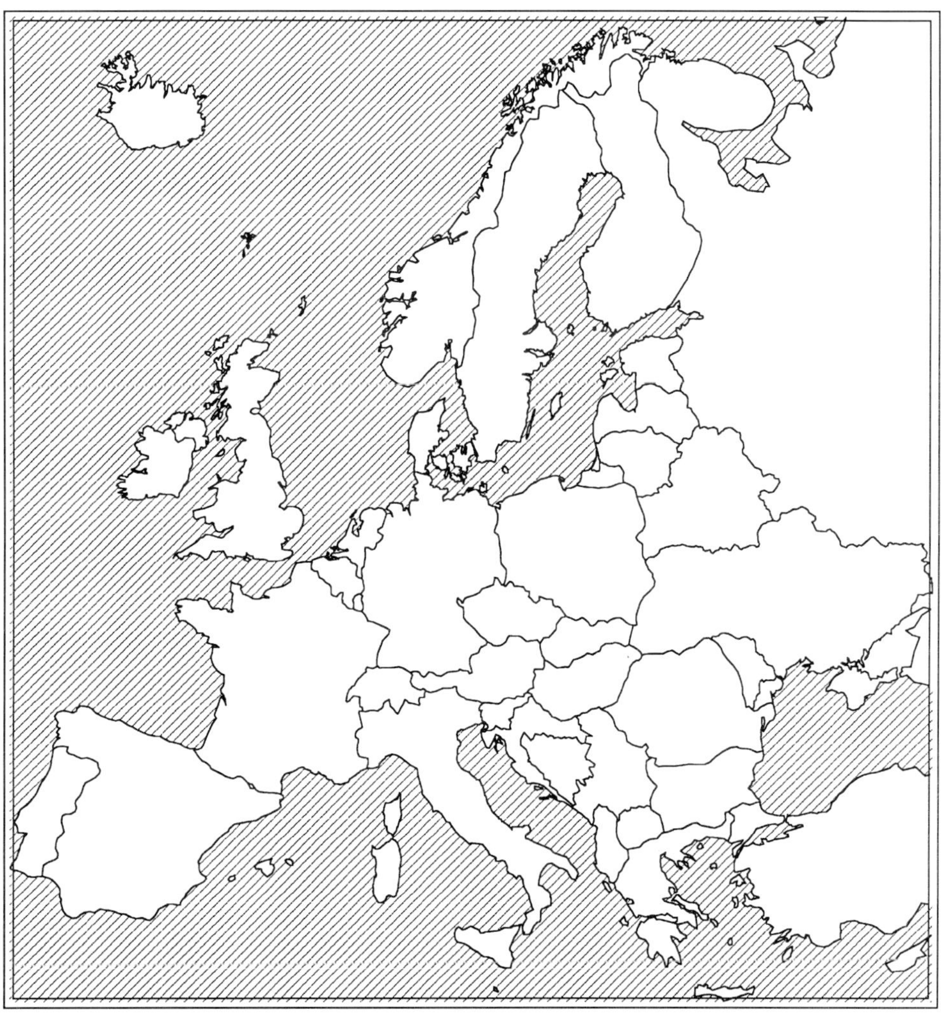

Solidarität

Das Wort Solidarität kommt von dem lateinischen Begriff „solidus". Das heißt fest, dicht. Es bedeutet, dass eine Gruppe von Menschen sich zusammentut, um auf die Verbesserung ihrer Lage hinzuarbeiten. Sie solidarisieren sich. Solidarität wird auch mit Zusammengehörigkeitsgefühl übersetzt.
Solidarität ist sehr wichtig für Erich Kästner. In seinem Buch solidarisieren sich die Tiere, um den Weltfrieden zu erreichen.

Warum ist es wichtig, dass Menschen sich solidarisieren?

Kannst du dir eine Situation vorstellen, in der es besser wäre, wenn sich viele Leute zusammentun?

Hast du selbst schon einmal eine Situation erlebt, in der du gerne Menschen gekannt hättest, die sich mit dir solidarisieren?

Ist das Buch überhaupt noch aktuell?

Erich Kästner hat das Buch 1949 geschrieben. Das war vier Jahre nach dem Ende des Zweiten Weltkrieges. Findest du das Buch überhaupt noch aktuell, das heißt bedeutend für uns heutzutage? Schließlich hat es seit 1945 keinen Krieg mehr in Deutschland gegeben. Scheinbar haben die Menschen also doch gelernt, oder?

Setzt euch mit ein paar Kindern zusammen und diskutiert darüber. Oder schreibt auf, was ihr darüber denkt.

Schule früher – heute

Wenn ihr das Bild auf Seite 62 genau betrachtet, fällt euch bestimmt auf, dass in dieser Schulklasse nur Jungen sitzen. Damals wurden Jungen und Mädchen in den weiterführenden Schulen getrennt unterrichtet – das heißt: es gab Jungenschulen und Mädchenschulen. In den Volksschulen wurden die Klassen 1–4 und 5–8 gemeinsam unterrichtet, allerdings saßen Jungen und Mädchen in der Klasse getrennt. Der gemeinsame Unterricht von Jungen und Mädchen hat sich erst nach und nach durchgesetzt.

Überlegt, welche Vorteile es hatte, nur mit Jungen oder nur mit Mädchen zusammen zu sein.
Welche Nachteile hatte es eurer Meinung nach?
Diskutiert darüber und legt eine Tabelle an.

Vorteile	Nachteile

Wenn ihr wählen könntet, auf welcher Schule wäret ihr lieber?
Macht eine Auszählung in der Klasse:

Schule mit gemeinsamem Unterricht: ☐

Schule mit getrenntem Unterricht: ☐

Fragt Großeltern oder andere ältere Leute, die damals in der Schule waren, ob sich noch andere Dinge in der Schule verändert haben. Schreibt einen Vergleich Schule früher – Schule heute.
Hier sind ein paar Fragen, die euch weiterhelfen können:

1. Gab es Lehrerinnen und Lehrer in jeder Schule oder waren auch sie getrennt nach Mädchen und Jungen?
2. Hatten Jungen und Mädchen die gleichen Unterrichtsfächer?
3. Wurden die gleichen Fächer unterrichtet wie heute?
4. Wie viele Kinder waren in einer Klasse?
5. Welche Sitzordnung gab es?
6. Welche Unterrichtsmethoden gab es?
7. Welches Arbeitsmaterial hatten die Kinder?

Die Protestnote der Menschen

Herr Zornmüller überreicht den Tieren ein Schreiben von den Teilnehmern der Menschenkonferenz. In dieser Protestnote fordern die Menschen die Tiere auf, sich nicht einzumischen. Leider ist der Brief versiegelt. Aber vielleicht weißt du ja, was die Menschen an die Tiere geschrieben haben. Schreibe die Protestnote der Menschen. Die folgenden Begriffe helfen dir:

> Unverschämtheit • Tiere keine Ahnung • Menschen kennen sich aus • Einmischung • dumme Idee • falsche Vorstellungen • Menschen regieren die Welt • Bemühung um Einigkeit • Streit unvermeidlich • nicht so einfach • viele Probleme • keine Zeit • Frieden der Welt hat nichts mit den Tieren zu tun • Tiere sind dumm

An die Teilnehmer der Tierkonferenz!

...

Die Antwort auf die Protestnote

Die Tiere sind so böse über die Protestnote der Menschen, die Herr Zornmüller gebracht hat, dass sie es ablehnen, den Menschen schriftlich zu antworten. Vielleicht kannst du für die Tiere aufschreiben, was sie den Menschen zurückschreiben könnten. Die folgenden Begriffe helfen dir:

> Unverschämtheit • Menschen keine Ahnung vom Frieden • Welt in Unordnung • viele ungelöste Probleme • Armut • Hunger • Krieg • Not • Kinder leiden am meisten • Kinder sind unschuldig • Kinder sind nicht verantwortlich • Tiere haben keine Geduld mehr mit Menschen • Erwachsene sind den Tieren gleichgültig • Tiere setzen Ultimatum • verlangen Einsicht und Einigkeit der Menschen • Menschen sind dumm

An die Teilnehmer der Konferenz in Kapstadt!

...

Uniformen

Das Wort „Uniform“ stammt aus der lateinischen Sprache und bedeutet „einförmig“. Damit wird eine Bekleidung bezeichnet, die im Stoff, in der Farbe und ihrer Machart einheitlich ist. Eine solche einheitliche Bekleidung zeigt, dass alle Uniformträger zu einer bestimmten Gruppe gehören, die man bereits äußerlich erkennen kann, z.B. die Polizei, Krankenschwestern, Soldaten …

Lies im 10. Lesekapitel nach, wem die Motten die Uniform wegfressen:

1. ______________________________
2. ______________________________
3. ______________________________
4. ______________________________
5. ______________________________

Schuluniformen

In vielen Ländern gehen die Kinder in einer besonderen Schuluniform, jeden Tag gleich angezogen, zur Schule. Überlegt, warum diese Uniform eingeführt worden ist und welche Vorteile und welche Nachteile eine Schuluniform hat.

Vorteile einer Schuluniform	Nachteile einer Schuluniform
____________________	____________________
____________________	____________________
____________________	____________________
____________________	____________________
____________________	____________________
____________________	____________________
____________________	____________________

Die Mehrheit entscheidet die Wahl

Wir leben in einer **Demokratie**. Die Demokratie ist eine Staatsform, in der die wichtigsten Entscheidungen durch Abstimmung getroffen werden. Zuerst entscheidet man sich für eine **Partei**, deren Pläne man gut findet und der man vertraut. Diesen Vorgang nennt man **wählen**. Ihr kennt das sicher von der Klassensprecherwahl oder vom Mannschaften wählen im Sport. Es gibt Entscheidungen, bei denen alle Menschen (ab 18 Jahren) unseres Staates wählen dürfen (z.B. **Bundestagswahl**) oder in manchen Bundesländern schon ab 16 Jahren bei Kommunalwahlen. Und es gibt Entscheidungen, die nur von bestimmten Leuten durch Wahl getroffen werden. So reisen zur Konferenz der Tiere nicht alle Tiere der Welt, sondern dafür gewählte **Delegierte** (Abgesandte), die dann für das Land, das sie vertreten, abstimmen. Dabei wird dann der Vorschlag angenommen, auf den die meisten Stimmen entfallen. Die meisten Stimmen bilden die Mehrheit. Die **absolute Mehrheit** erhält man bereits, wenn man die Hälfte aller Stimmen + 1 Stimme bekommt. Ein Beispiel: 100 Teilnehmer einer Konferenz stimmen darüber ab, ob am Tagungsort A oder B getagt wird. Gewonnen hat dann der Ort, auf den die Hälfte aller Stimmen + 1 Stimme entfallen. 100 Stimmen (jeder Teilnehmer hat eine) : 2 = 50 (Hälfte) + 1 Stimme = 51 Stimmen. Aber auch 55 Stimmen oder 69 Stimmen oder auch 100 Stimmen wären die absolute Mehrheit. 51 Stimmen sind also die knappste absolute Mehrheit.

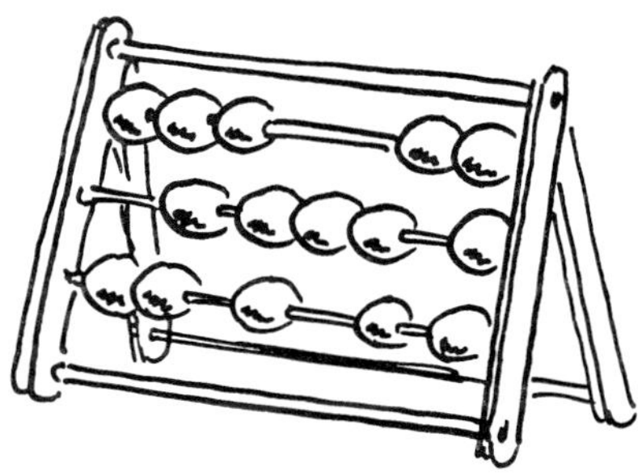

1. Berechne die absolute Mehrheit von: 86 Teilnehmern, 50 Teilnehmern, 51 Teilnehmern einer Konferenz
2. Eine Konferenz besteht aus 99 Teilnehmern, 2 Teilnehmer werden am Abstimmungstag krank. Wie hoch ist die absolute Mehrheit?
3. Wie viele Konferenzteilnehmer haben abgestimmt, wenn die knappste absolute Mehrheit 46 Stimmen beträgt?
4. Berechne die Zahl der Konferenzteilnehmer, wenn die knappste absolute Mehrheit 12 Stimmen, 23 Stimmen, 50 Stimmen beträgt.

Wenn ihr demnächst abstimmen müsst, achtet darauf, ob ein Vorschlag die absolute Mehrheit erreicht.

Ist es recht, was die Tiere tun?

Die Tiere versuchen die Menschen zur Vernunft zu bringen. Paul, der Eisbär, spricht auf der Konferenz der Menschen und fordert sie auf, mit Kriegen und Revolutionen aufzuhören. Es soll nie wieder Not herrschen. Doch die Menschen beachten die Forderungen der Tiere nicht, im Gegenteil, sie schicken ihnen sogar eine Protestnote. Sie verlangen von den Tieren sich nicht einzumischen.

Wie reagieren die Tiere dann?
Wie versuchen sie die Menschen umzustimmen?

Zuerst schicken sie eine ____________________,

um die ______________ zu zerstören.

Dann schicken sie eine ______________,

um die ______________ zu zerstören.

Als alles nichts hilft, ________________________________.

Erst da lenken die Erwachsenen ein.

Was hältst du von den Methoden der Tiere?
Nach dem Gesetz haben sie sich strafbar gemacht.
Sie haben fremdes Eigentum zerstört und später sogar Kinder entführt. Stell dir vor, die Tiere stehen vor Gericht und du sollst sie verteidigen.
Was würdest du dem Richter sagen?

Vielleicht habt ihr auch Lust die Gerichtsverhandlung zu spielen? Dann kann einer der Richter sein, einer der Verteidiger der Tiere und einer der Staatsanwalt, der die Tiere beschuldigt. Ihr könnt natürlich auch verschiedene Zeugen bestellen.

Ein bekanntes Sprichwort sagt:

„Der Zweck heiligt die Mittel."

Was soll das bedeuten? Kannst du dir vorstellen, warum diese Frage hier steht? Was sagst du dazu?

Was wäre heute das Thema der Konferenz

1949, als Erich Kästner das Buch geschrieben hat, waren der Krieg und das Elend danach noch in den Köpfen der Menschen. Viele Menschen auf der ganzen Welt hatten ihre Angehörigen verloren.
Es gab unendlich viele Waisen, Familien waren auseinander gerissen und mussten einander in ganz Europa oder sogar auf der ganzen Welt suchen. Es herrschten immer noch Hunger und Not. Viele Häuser waren noch nicht wieder aufgebaut und der Schrecken über das Grauen des Krieges saß tief. Heute gibt es in Deutschland zum Glück keinen Krieg mehr.

Wenn die Tiere heute eine Konferenz einberufen würden, was denkst du, wäre das Thema ihrer Besprechungen?

Um den Frieden zu erhalten wollten sie die Grenzen, die Uniformen und die Akten vernichten.
Was meinst du, wie die Tiere die heutigen Probleme lösen würden? Was ist heute der Grund für die Probleme?

Schreibe ein Telegramm, mit dem du die Tiere zur zweiten Konferenz der Tiere einladen würdest.
Denk daran, es sollte sehr kurz sein, aber alles sagen.

Zeitungsartikel sammeln

In den Zeitungen findest du jeden Tag Meldungen von Kriegen und Streitigkeiten in der Welt. Fast täglich kannst du auch Artikel finden, die die Tiere ärgern würden, weil sie berichten, dass Kinder Unrecht erfahren und leiden müssen.
Häufig wird aber auch berichtet, dass sich Menschen für Kinder und ihre Wünsche sowie für ein friedliches Zusammenleben der Völker einsetzen.
Das würde den Tieren Freude machen.

Such in den Zeitungen nach Artikeln, die die Tiere ärgern würden und nach solchen, über die sich Alois und seine Freunde freuen würden.

Für die Konferenzpause

Spielideen:

Blindekuh

Mit Hilfe eines Abzählreimes wird die „Blindekuh" bestimmt. Sie lässt sich die Augen verbinden und versucht nun einen der Mitspieler zu fangen.
Wer erwischt wird, ist die nächste Blindekuh.

Klingel-Blindekuh

Allen Mitspielern – außer einem – werden die Augen verbunden.
Der, der sehen kann, bekommt eine Klingel in die Hand, mit der er ab und zu klingelt. Alle müssen versuchen den „Klingler" zu fangen. Wer es schafft, wird der nächste Klingler.

Flohfangen

Einem Spieler werden die Augen verbunden. Die Mitspieler stehen 3–5 m vom Blinden entfernt. Seine Aufgabe ist es, möglichst viele der Mitspieler abzuschlagen. Wenn er sich auf sie zu bewegt, dürfen sie nur drei Schritte oder „Flohhüpfer" ausweichen. Nach drei Minuten wird das Spiel beendet, dann kommt der nächste „Flohfänger" an die Reihe.

Bockspringen

Die Spieler stellen sich in einer Reihe hintereinander auf.
Der Erste geht etwa 4 Meter vor, beugt sich nach vorne, senkt dabei den Kopf und stützt die Arme auf die Knie. Der zweite Spieler nimmt Anlauf und springt mit gegrätschten Beinen über den „Bock", dabei stößt er sich auf dessen Rücken ab. Dann stellt er sich ein paar Meter weiter ebenfalls als Bock auf.
Der dritte Spieler überspringt beide Böcke und wird ebenfalls zum Bock und so fort.

A: Sammelt weitere Spielideen und schreibt sie auf, sodass andere Kinder sie spielen können.
Vielleicht kann so in eurer Klasse eine Spielekartei entstehen.

Kinderrechte

Die Rechte der Kinder sind in der „UN-Konvention über die Rechte des Kindes" aufgeschrieben. Nach dieser Konvention haben alle Kinder der Welt die gleichen Rechte. Die meisten Länder der Welt haben diese Konvention unterschrieben und versprochen sie zu erfüllen. Die Konvention besteht insgesamt aus 54 Artikeln. Einige Rechte lernst du auf den nächsten Seiten kennen.

Jedes Kind hat das Recht auf einen Namen und eine Nationalität.

Alle Kinder haben den gleichen menschlichen Wert. Du darfst nicht wegen deines Geschlechts, deines Aussehens, deiner Hautfarbe, deiner Sprache, deiner Religion, deiner Meinung usw. benachteiligt werden.

Alle Kinder haben das Recht, zur Schule zu gehen und zu lernen, was wichtig ist, zum Beispiel Achtung vor den Menschenrechten und anderen Kulturen. Es ist wichtig, dass Kinder in der Schule ihre Talente entwickeln können und dass sie dazu ermutigt werden.

Alle Kinder haben das Recht, mit ihrer Mutter und ihrem Vater zusammenzuleben, auch wenn diese nicht zusammenwohnen.

Jedes Kind hat das Recht auf ein gutes Leben. Wenn du behindert bist, hast du das Recht auf zusätzliche Unterstützung und Hilfe.

Jedes Kind hat das Recht auf sein Privatleben. Daher darf niemand ohne deine Erlaubnis deine Briefe oder dein Tagebuch lesen.

(Illustrationen aus: Wir haben Rechte … und nehmen sie auch wahr! Verlag an der Ruhr 1996, ISBN 3-86072-239-5)

Kinderrechte

Alle Kinder haben das Recht, ihre Meinung frei zu äußern. Kinder müssen gefragt werden. Deine Meinung muss bei allen Dingen, die dich direkt betreffen, beachtet werden, zu Hause, in der Schule, bei Ämtern und Gerichten. Alle Kinder haben das Recht auf Information und Wissen über ihre Rechte.

Alle Kinder haben das Recht, zu spielen und in einer gesunden Umgebung zu leben.

Die Gedanken und der Glaube jeden Kindes sollen geachtet werden. Wenn du einer Minderheit angehörst, hast du das Recht, deine eigene Sprache zu sprechen und deine eigene Kultur und Religion zu pflegen.

Alle Kinder haben das Recht, Informationen aus allen Teilen der Welt durchs Radio und Fernsehen zu bekommen. Diese Informationen sollen Kindern nicht schaden. Natürlich hast du das Recht, Informationen an andere weiterzugeben.

Kein Kind soll schlecht behandelt, ausgebeutet oder vernachlässigt werden. Kein Kind soll zu schädlicher Arbeit gezwungen werden. Kein Kind soll misshandelt werden. Wenn du schlecht behandelt wirst, sollst du Schutz und Hilfe bekommen.

Wenn du krank bist, hast du das Recht, die Hilfe und Versorgung zu erhalten, die du brauchst.

Ein Kind, das aus seinem Land flüchten musste, hat dieselben Rechte wie alle Kinder in dem neuen Land. Wenn du ohne Begleitung kommst, hast du das Recht auf besonderen Schutz und Unterstützung. Wenn es möglich ist, sollst du mit deiner Familie wieder zusammengebracht werden.

(Illustrationen aus: Wir haben Rechte ... und nehmen sie auch wahr! Verlag an der Ruhr 1996, ISBN 3-86072-239-5)

Kinderrechte

Schreibe die Antworten auf die folgenden Fragen in dein Heft.

1. Du hast dir die Kinderrechte durchgelesen.
   Welche sind dir besonders wichtig? Und warum?
   Welche sind dir nicht so wichtig? Und warum?

2. Kannst du dir vorstellen, dass es Kinder gibt, denen diese Rechte wichtiger sind?

3. Einmal im Jahr, am 20. September, ist der Tag der Kinder.
   Jedes Jahr an diesem Tag dreht sich also alles um die Kinder!?
   Was tut ihr an eurer Schule oder in eurer Klasse am Weltkindertag oder anderen Tagen für eure Rechte?

4. Was sollte man tun?

5. Was hältst du von solchen Tagen wie Weltkindertag, Muttertag oder Weltumwelttag?

6. Weißt du, ob es in eurer Stadt oder eurem Dorf **Sorgentelefone** für Kinder gibt? Versuche die Telefonnummer herauszufinden.
   Dazu musst du dir ein Telefonbuch besorgen und suchen.
   Es gibt verschiedene Stichworte, unter denen du nachschauen kannst:
   - Kindernottelefon
   - Jugendnottelefon
   - Telefonseelsorge der Kirchen (Da kannst du nachfragen, ob es auch eine Seelsorge für Kinder gibt.)

   In einem Telefonbuch sind die Namen genauso stichwortartig aufgeführt wie im Lexikon. Wenn du Probleme hast etwas zu finden, frag einen Mitschüler oder eine Mitschülerin, ob sie dir helfen können.

Es gibt viele verschiedene Organisationen, die sich für die Kinderrechte einsetzen.
Hier findest du ein paar Adressen, an die du dich wenden kannst, wenn du noch mehr Informationen haben möchtest:

unicef
Kinderhilfswerk der Vereinten Nationen
Hönninger Weg 104
50969 Köln

terre des hommes
Ruppenkampstr. 11a
49084 Osnabrück

National Coalition für die Umsetzung der UN-Kinderrechtskonvention in Deutschland
c/o AGJ
Haager Weg 44
53127 Bonn

Vielleicht hast du Lust einen Informationszettel oder ein Plakat herzustellen.

10 Gründe, warum man ohne Kinder besser lebt

In einer Zeitung hat mal ein Zeitungsschreiber 10 Gründe aufgeschrieben, warum man ohne Kinder besser lebt.
Setzt euch in einer Gruppe zusammen und überlegt, wie ihr dem Schreiber antworten würdet.
Schreibt 10 Gründe auf, warum man mit Kindern besser lebt.

Besser ohne Kinder leben

1. Kinder machen Stress
2. Kinder machen Sorgen
3. Kinder machen Ärger
4. Kinder machen ein schlechtes Gewissen
5. Kinder machen dumm
6. Kinder machen unfrei
7. Kinder belasten die Partnerschaft
8. Kinder machen arm
9. Kinder zerstören die Karriere
10. Kinder sind undankbar

Besser mit Kindern leben

Was wollt/könnt ihr ändern?

Denkt einmal nach, was euch in eurer Umgebung stört.
Entwerft Spruchbänder und macht eure Forderungen deutlich.

Wie könnt ihr etwas ändern?

Tier-ABC

Schreibe zu jedem Buchstaben mindestens ein Tier

A - Affe
B - Bär
C - ...

Oskars Rede

Die Rede des Elefanten Oskar ist sehr wichtig. Schreibe sie ab und unterstreiche, was die Tiere von den Menschen verlangen!

Friedensvertrag

Der Vertrag, den die Vertreter aller Länder der Erde schlossen, ist so wichtig, dass du ihn aufschreiben solltest.
Notiere die Punkte 1 bis 5!
Vielleicht hast du Lust den Vertrag schön zu gestalten.

Erich Kästner und der Krieg

Nachdem neue Kopien der vernichteten Akten eingetroffen sind, sitzen die Tiere beisammen und überlegen, was sie tun können. Nach einiger Zeit sagt Leopold: *„Die meisten Menschen sind viel netter und vernünftiger als wir denken. Es liegt im Grunde an den Akten und am Militär.“* Aus diesem Satz wird deutlich, wie sehr Erich Kästner das Militär und Kriege gehasst hat.

Lest seine Biografie und überlegt, welche Erlebnisse in seinem Leben ihn dazu gebracht haben.

Die Biografie eines Menschen ist die Beschreibung seines Lebens.
Über berühmte Menschen werden oft Biografien geschrieben.
Dies ist Kästners Biografie:

Erich Kästner wurde am 23. Februar 1899 in Dresden geboren.

Als 1914 der Erste Weltkrieg begann, ging Erich Kästner noch zur Schule. Nach und nach zogen seine Klassenkameraden in den Krieg. Einige kehrten nicht mehr zurück. Kästner musste auch in den Krieg. Aber er wurde krank und wurde mit einer Herzkrankheit in ein Militärkrankenhaus gebracht. Als er seine Ausbildung zum Soldaten schließlich doch beendet hatte, war der Krieg vorbei. Nach dem Krieg wurde er zunächst Lehrer, später studierte er an der Universität Geschichte, Germanistik – das ist die Lehre der deutschen Sprache und Literatur – und Philosophie. Philosophie ist ein griechisches Wort und bedeutet „Suche nach Weisheit“. Ab 1927 lebte Erich Kästner als freier Schriftsteller in Berlin. Er schrieb Bücher für Erwachsene und auch Kinder, in denen er sich sehr kritisch äußerte. Er versuchte die Menschen auf ihre Unvernunft aufmerksam zu machen. Er wandte sich zum Beispiel gegen den Krieg und seine Verherrlichung. Zu dieser Zeit aber, nämlich in den Dreißigerjahren dieses Jahrhunderts, als die Nationalsozialisten unter Führung von Adolf Hitler an die Macht kamen, war das sehr gefährlich. Die Nationalsozialisten duldeten es nicht, dass sich jemand kritisch über ihre Pläne äußerte. 1933 wurden seine Bücher, wie viele andere Bücher auch, verbrannt. Viele Schriftsteller wanderten aus und zogen in andere Länder.
Doch Erich Kästner blieb in Deutschland und schrieb weiter. 1942 erhielt er ein totales Schreibverbot. 1949, fünf Jahre nach dem Krieg, schrieb er dann das Buch „Die Konferenz der Tiere“. Weitere Bücher folgten. Erich Kästner wurde mit mehreren Preisen für seine Bücher ausgezeichnet. Ihm wurde zum Beispiel auch das Große Bundesverdienstkreuz verliehen. Das ist eine ganz besondere Ehrung für Menschen, die etwas Besonderes für Deutschland geleistet haben.

Am 29. Juli 1974 starb Erich Kästner.

Dann gab es Weltkrieg statt der großen Ferien

1914, als Erich Kästner noch zur Schule ging, fing der Erste Weltkrieg an. Er hat dazu später einmal gesagt: *„Der Weltkrieg hatte begonnen und meine Kindheit war zu Ende."* Er musste miterleben, wie seine Mitschüler in den Krieg zogen und starben. Später wurde auch er eingezogen. Doch da er ein Herzleiden hatte, wurde er ins Lazarett – so nennt man ein Militärkrankenhaus – gebracht. Als er wieder entlassen worden war und seine Ausbildung zum Soldaten beendet hatte, war der Krieg zum Glück zu Ende.

Du kannst dir bestimmt gut vorstellen, warum Erich Kästner den Krieg so sehr hasste. Er war ein erklärter Anhänger des Pazifismus. Das Wort Pazifismus kommt aus der lateinischen Sprache und bedeutet „Bestreben, den Frieden unter allen Umständen zu erhalten". Anhänger des Pazifismus nennt man auch Pazifisten.

Was meinst du, warum gibt es immer wieder Kriege?

____

____

____

Wie kann man Frieden schaffen und vor allem auch erhalten?

____

____

____

Was ist für dich der Unterschied zwischen Krieg und Streit?

____

____

____

Worüber streitest du dich?

____

____

____

Ist es das Streiten wert?

____

____

____

Lesetipps

Am 23. Februar 1999 war der 100. Geburtstag von Erich Kästner. Erich Kästner wurde 1899 geboren und ist 1974 gestorben. Er hat viele interessante Kinderbücher geschrieben, von denen ihr bestimmt einige kennt:

- Emil und die Detektive
- Das doppelte Lottchen
- Pünktchen und Anton
- Das fliegende Klassenzimmer
- Der 35. Mai
- Der kleine Mann
- Der kleine Mann und die kleine Miss
- Das Schwein beim Friseur
- Das verhexte Telefon

Eine Briefmarke mit dem Titelbild des Taschenbuches „Emil und die Detektive" anlässlich des 100. Geburtstages von Erich Kästner.

In eurer Schulbücherei findet ihr bestimmt welche davon!

Alle Bücher haben auf dem Rücken oder innen auf dem Umschlag oder Einband einen Kurztext, der erzählt, um welche Geschichte es sich handelt. Wenn ihr diesen Text lest, könnt ihr euch schon vorstellen, um was es geht, ohne den Spaß am Lesen zu verlieren. Im Gegenteil, diese Kurztexte machen lesehungrig und neugierig. Schaut doch mal nach dem Kurztext zur „Konferenz der Tiere".

In eurer Klasse könntet ihr eine Leserunde einrichten, in der ihr euch gegenseitig Bücher vorstellt, die ihr gelesen habt und toll findet. Vielleicht habt ihr Lust einen Kurztext zu einem gelesenen Buch selber zu schreiben, um euer Buch vorzustellen.

Dazu ein paar Tipps:

- Schreibt in der Gegenwartsform (Präsens)
- Macht die Leser neugierig auf das Buch
- Erzählt nicht zu viel, damit das Lesen spannend bleibt
- Haltet den Text möglichst kurz
- Schreibt auch den Autor und den Titel des Buches in euren Text

Wer nicht selber schreiben will, kann auch die gedruckten Kurztexte von jedem Buch, das er gelesen hat, abschreiben und sammeln. So kann eine ganze Mappe entstehen und immer wieder an gelesene Bücher erinnern.

Viel Spaß beim Lesen!

Buchkritik

Nun hast du das Buch ganz gelesen. Wie gefällt es dir? Findest du, dass es ein gutes Buch ist? Oder findest du es eher nicht so gut? Was hat dir gefallen, was überhaupt nicht?

Schreibe einen Brief an den Verleger des Buches. Schreib ihm, welchen Eindruck das Buch bei dir hinterlassen hat. Du kannst auch einen Artikel für eure Schülerzeitung oder eine andere ausgedachte Zeitung schreiben. Dann bist du ein Literaturkritiker. Das ist jemand, der über Bücher schreibt und sie beurteilt.

Vielleicht kannst du deine Kritik auch aufhängen, dann können die anderen Kinder sie auch lesen.

Lieblingsstellen

In manchen Zeitungen schreiben Literaturkritiker – das sind Leute, die Bücher beurteilen – als Abschluss noch ihren Lieblingssatz aus dem Buch auf. Du hast das Buch jetzt ganz gelesen. Was würdest du sagen, ist dein Lieblingssatz in dem Buch? Welches Bild hat dir am besten gefallen? Welche Szene des Buches fandest du am besten?

Versuche deine Wahl zu begründen. Wenn mehrere Kinder die Aufgabe bearbeitet haben, könnt ihr eure Auswahl vergleichen und darüber diskutieren.

Der Film zum Buch

Viele Bücher von Erich Kästner sind verfilmt worden. Einige kennst du vielleicht. „Das doppelte Lottchen", „Das fliegende Klassenzimmer", „Pünktchen und Anton" oder „Emil und die Detektive". Als Walt Disney angeboten wurde, aus dem Buch „Die Konferenz der Tiere" einen Zeichentrickfilm zu machen, hat er gesagt: „Nein, Erich. Keine Politik. Keine Religion."

Was denkst du darüber? Sollte man politische Themen und Religion aus Zeichentrickfilmen heraushalten? Was hättest du Walt Disney geantwortet? Denk auch daran, dass sehr viele Kinder und Erwachsene Walt-Disney-Filme sehen.

Lösungsseite 1

Seite 20

1. HUNDE
2. ZEBRAS
3. SPECHTE
4. SCHNECKE
5. RENTIERE
6. WIESEL
7. FROESCHE
8. POLARHUNDE
9. TINTENFISCHE
10. KAEFER
11. SCHWALBEN
12. KAKADUS
13. PINGUINE
14. EMU
15. REGENWURM
16. KAENGURUS
17. BRIEFTAUBEN

Lösung:
NACHRICHTENDIENST

Seite 21

1. VERSAMMLUNGEN
2. DELEGIERTE
3. SINTFLUT
4. SCHUSTER
5. HUFE
6. VOGEL STRAUSS
7. STIRNLOCKEN
8. DAUERWELLEN
9. BLOND
10. MANIKUERE
11. RADFEDERN
12. EISBAER
13. GEYSIR
14. BUEGELTE
15. SONNTAGSANZUG
16. ZAHNARZT
17. NEGER
18. JUNGEN
19. NACHSPUELEN

Lösung:
REISEVORBEREITUNGEN

Seite 24

S	X	Ö	V	Z	N	D	W	P	R	I	S	T	I
M	S	H	E	T	L	A	N	D	P	O	N	Y	K
J	U	R	K	G	H	E	Ä	X	Z	P	Ü	R	Ö
L	E	H	M	S	E	A	X	N	M	K	W	X	N
I	X	T	R	S	B	E	D	A	A	M	P	O	I
F	Y	L	Ö	R	C	H	S	T	U	E	L	Ü	G
A	C	M	E	T	H	R	G	N	S	Z	R	E	S
W	A	J	D	U	R	B	V	K	D	W	L	G	T
Q	G	I	R	A	F	F	E	L	C	V	M	L	I
B	E	N	U	L	U	A	H	C	S	Z	N	A	G
N	A	T	Ü	N	I	C	Y	L	B	A	S	E	E
E	I	N	E	K	L	U	A	H	I	S	I	E	R
R	Q	U	W	I	J	G	D	N	M	S	F	T	M
E	I	S	B	Ä	R	H	D	Z	L	K	R	M	A

1. Eisbär: *ein Eskimomädchen*
2. Giraffe: *einen Negerjungen*
3. Königstiger: *ein Mädchen aus dem bengalischen Dschungel*
4. Maus: *einen Chinesen*
5. Shetlandpony: *einen blonden Bengel*

Seite 26

1. KAPSTADT
2. RATTEN
3. PAPIER
4. PAPIERLAWINE
5. NASENSPITZE
6. FERNSEHLEINWAND
7. PRESSETRIBUENE
8. GESICHTER
9. ABSCHRIFTEN
10. AKTENSCHRAENKE
11. TAPIR
12. ERNST
13. ZWEI
14. MOTTE
15. LAMPE

Lösung:
PAPIERSCHNITZEL

Lösungsseite 2

Seite 29

Lösung:
RITTERBURGEN

Seite 30

1. FUELLFEDERHALTER
2. VERTRAG
3. TIERE
4. GRENZEN
5. a) DAS MILITAER
   b) ALLE SCHUSSWAFFEN
   c) ALLE SPRENGWAFFEN
6. FRIEDENS
7. VIER
8. LEHRER
9. ES GIBT KEINE TRAEGHEIT DES HERZENS MEHR
10. RUNDFUNK
11. ERDACHSE
12. GIRLANDEN

Lösung:
FRIEDENSVERTRAG

Seite 41

Deutsch	Englisch	Türkisch
Guten Morgen	good morning	günaydın
ja	yes	evet
nein	no	hayır
danke	thank you	teşekkür ederim
bitte	please	lütfen
Mensch	human being	insan
Tier	animal	hayvan
Kind	child	çocuk
miteinander	together	conuşmak
sprechen	to speak	birlikte

Seite 44

Nachricht:
Heute in vier Wochen
Konferenz im Hochhaus der Tiere.

Seite 45

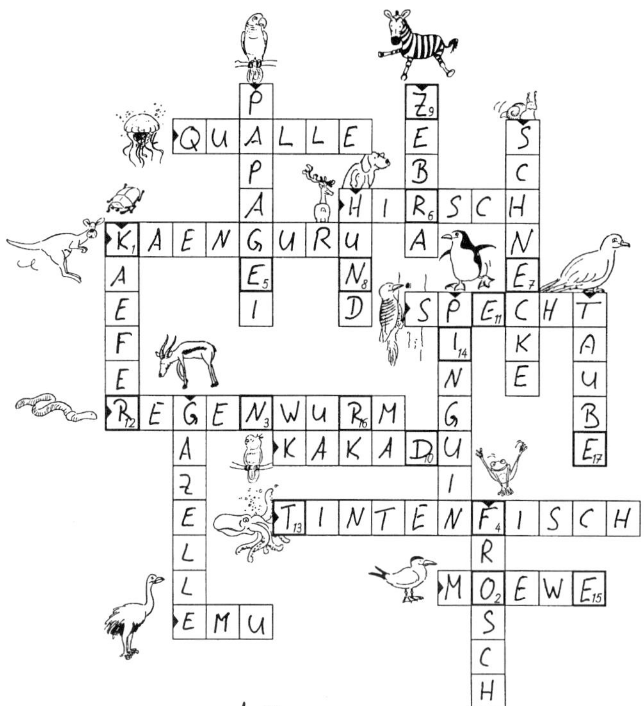

Lösung:
KONFERENZ DER TIERE

Literaturhinweise

Kästner, E.: **Die Konferenz der Tiere,**
1 CD-Audio, Originalaufnahme aus dem Kurt-Linda-Zeichentrickfilm, ca. 43 Min., Erzähler Klaus Havenstein
Polygram; Deutsche Grammophon 1998
ISBN 3-8291-0811-7

Kästner, E.: **Die Konferenz der Tiere,**
1 Kassette, Sprecher: Klaus Havenstein, Georg Thomalla, Heidi Treutler u.a.
Polygram; Deutsche Grammophon 1971
ISBN 3-8291-0137-6

Die Konferenz der Tiere,
1 Videokassette, Regie: Kurt Linda, Zeichentrickfilm, ca. 85 Min.
Nach einem Roman von Erich Kästner
Atlas Pictures + Medien 1969
Best.-Nr. 213 45 223

Tierlexika und ein Kinderatlas
Kaser, Wolf
Das bunte Tierlexikon für Kinder von A–Z
Falken; Bassermann 1998

Das große Lexikon der Tiere,
1 CD-Rom
DTP Neue Medien 1999
ISBN 3-933882-22-2

Der große illustrierte Weltatlas: Alles über die Länder und Menschen der Welt
Text: B. Kriklankova, Illustr. J. Kalousek
Müller 1996
ISBN 3-86070-068-5

Literatur zu Kinderrechten

Fesenfeld, Bergit: **Presse- und Öffentlichkeitsarbeit für Kinderrechte.**
Ein Praxisbuch
Verlag an der Ruhr 1997
ISBN 3-86072-340-5

Fountain, Susan: **Wir haben Rechte ... und nehmen sie auch wahr!**
Kinderrechte kennen lernen und verwirklichen
Eine Aktivmappe für Jugendliche
Verlag an der Ruhr 1996
ISBN 3-86072-239-5

Große-Oetringhaus, Hans-Martin:
Kinder haben Rechte – überall.
Ein Aktions- und Informationsbuch
Elefanten Press 1993
ISBN 3-88520-406-1

Initiativen für Kinderrechte

Deutsches Kinderhilfswerk e.V.
Rungestr. 20
10179 Berlin
Tel.. 030/27 95 656
e-mail: dkhw@dkhw.de
www.dkhw.de

Kindernothilfe e.V.
Düsseldorfer Landstr. 180
47249 Duisburg
Tel.: 0203/77 89-0
e-mail: info@kindernothilfe.de
www.kindernothilfe.de

National Coalition
c/o AGJ
Haager Weg 44
53127 Bonn
Tel.: 0228/910 24 17

terre des hommes e.V.
Ruppenkampstr. 11a
49084 Osnabrück
Tel.: 0541/7 10 10
e-mail: terre@t-online.de
www.tdh.de

Deutsches Komitee für UNICEF
Höninger Weg 104
50969 Köln
Tel.: 0221/93 65 224
e-mail: unicef@t-online.de
www.unicef.de

Geräusche auf dem Bauernhof
Ab 4 J., CD, 30 Bildkarten
ISBN 3-86072-351-0
Best.-Nr. 2351
28,- DM/sFr/204,- öS

Alltagsgeräusche als Orientierungshilfen
Ab 5 J., CD, 28 Bildkarten
ISBN 3-86072-289-1
Best.-Nr. 2289
28,- DM/sFr/204,- öS

Vogelstimmen
Ab 5 J., CD, 30 Bildkarten
ISBN 3-86072-270-0
Best.-Nr. 2270
28,- DM/sFr/204,- öS

Das Naturmalbuch
Ausmalbilder und Sachgeschichten zu Tieren und Pflanzen
Ab 6 J., 108 S., A4, Pb.
ISBN 3-86072-314-6
Best.-Nr. 2314
39,80 DM/sFr/291,- öS

Amsel, Drossel, Fink und Star
GS/SEK I, 196 S., A4, Pb.
ISBN 3-86072-269-7
Best.-Nr. 2269
39,80 DM/sFr/291,- öS

Klein aber clever!
Nachdenken und Philosophieren mit Kindern
Ab 5 J., 120 S., 20x20 cm, Pb.
ISBN 3-86072-357-X
Best.-Nr. 2357
22,- DM/sFr/161,- öS

Hauen ist doof
162 Spielideen gegen Aggression in Kindergruppen
Kiga/GS, 217 S., A4, Pb.
ISBN 3-86072-155-0
Best.-Nr. 2155
42,- DM/sFr/307,- öS

Lieben, Lernen, Lachen
Sozial- und Sexualerziehung für 6-12-jährige
228 S., 20 X 25 cm, Pb.
ISBN 3-86072-040-6
Best.-Nr. 2040
34,80 DM/sFr/254,- öS

Das große und das kleine Nein!
Ab 5 J., 21 S., 4-fbg, Hardcover
ISBN 3-927279-81-1
Best.-Nr. 0981
11,90 DM/sFr/87,- öS

Indianer-Spiele
Spiele der Ureinwohner Amerikas für die Kids von heute
240 S., 16 x 23 cm, Pb.
ISBN 3-86072-293-X
Best.-Nr. 2293
36,- DM/sFr/263,- öS

Was ist Werkstattunterricht?
64 S., A5, Pb.
ISBN 3-86072-377-4
Best.-Nr. 2377
11,80 DM/sFr/86,- öS

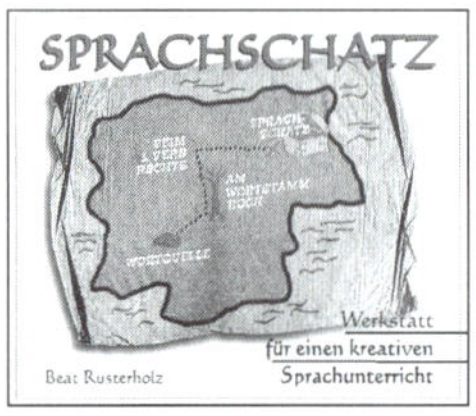

Sprachschatz
Werkstatt für einen kreativen Sprachunterricht
Ab 9 J., 103 S., A4, Papph.
ISBN 3-86072-271-9
Best.-Nr. 2271
36,- DM/sFr/263,- öS

5 Minuten Mathe-Knacker
Übungen zum Aufwärmen
Ab 8 J., 34 S., A4, Papph.
ISBN 3-86072-366-9
Best.-Nr. 2366
25,- DM/sFr/183,- öS

10 Minuten-Kopfrechen-Training:
Addition und Subtraktion im Zahlenraum von 100–1.000.000
Ab 8 J., 40 S., A4, Papph.
ISBN 3-86072-417-7
Best.-Nr. 2417
28,- DM/sFr/204,- öS

10 Minuten-Kopfrechen-Training:
Multiplikation und Division
Ab 8 J., 40 S., A4, Papph.
ISBN 3-86072-418-5
Best.-Nr. 2418
28,- DM/sFr/204,- öS

Was die Bibel Kindern sagen will
Arbeitsblätter zur christlichen Glaubenswelt
Ab 8 J., 57 S., A4, Papph.
ISBN 3-86072-309-X
Best.-Nr. 2309
28,- DM/sFr/204,- öS

Die Bibel
Arbeitsblätter
Klasse 1/2:
ISBN 3-86072-249-2
Best.-Nr. 2249

Klasse 3/4:
ISBN 3-86072-250-6
Best.-Nr. 2250
je 51/53 S., A4, Papph.
28,- DM/sFr/204,- öS

Mediation in der pädagogischen Arbeit
Ein Handbuch für Kindergarten, Schule und Jugendarbeit
234 S., A5, Pb.
ISBN 3-86072-341-3
Best.-Nr. 2341
29,80 DM/sFr/218,- öS

Regenpausen Laune-Retter Klasse 1/2
Instant-Arbeitsblätter, nicht nur für Regenpausen
Ab 5 J., 48 S., A4, Papph.
ISBN 3-86072-378-2
Best.-Nr. 2378
28,- DM/sFr/204,- öS

Stunden aus dem Handgelenk
Sinnvolle Beschäftigungen und Vertretungsstunden
Ab 6 J., 83 S., A4, Papph.
ISBN 3-86072-315-4
Best.-Nr. 2315
36,- DM/sFr/263,- öS

Mit Freude die Natur erleben
3-99 J., 168 S., 14x21,5 cm, Pb.
ISBN 3-927279-78-1
Best.-Nr. 0978
19,80 DM/sFr/145,- öS

Mit Kindern die Natur erleben
3-99 J., 152 S., 11x18,5 cm, Pb.
ISBN 3-927279-97-8
Best.-Nr. 0997
16,80 DM/sFr/123,- öS

Dies ist nur ein kleiner Auszug aus unserem Katalog. Dort finden Sie Unterrichtshilfen für alle Fächer von Kiga bis Sek II. Fordern Sie unseren Katalog an.

☐ Bitte senden Sie mir Ihren kostenlosen Gesamtkatalog.

Verlag an der Ruhr

Postfach 10 22 51, D–45422 Mülheim a. d. Ruhr
Alexanderstr. 54, D–45472 Mülheim a. d. Ruhr
Tel.: 02 08/49 50 40 – Fax: 02 08/495 0 495
e-mail:info@verlagruhr.de

Name ______________________

Straße / Nr. ______________________

PLZ / Ort ______________________

Schulform / Arbeitsbereich ______________________

Datum / Unterschrift ______________________

GS-3/99